DES

ACTES DE L'INTERDIT

POSTÉRIEURS

AU JUGEMENT D'INTERDICTION

PAR

EDMOND VILLEY

AVOCAT

Agrégé à la Faculté de droit de Nancy

Mémoire couronné par la Faculté de droit de Caen
et par l'Académie de législation de Toulouse.

PARIS

A. DURAND ET PEDONE-LAURIEL, ÉDITEURS,

9, RUE CUJAS.

1873

DES

ACTES DE L'INTERDIT

POSTÉRIEURS

AU JUGEMENT D'INTERDICTION

DES
ACTES DE L'INTERDIT

POSTÉRIEURS

AU JUGEMENT D'INTERDICTION

PAR

EDMOND VILLEY

AVOCAT

Agrégé à la Faculté de droit de Nancy.

---

*Mémoire couronné par la Faculté de droit de Caen
et par l'Académie de législation de Toulouse.*

PARIS

A. DURAND ET PEDONE-LAURIEL, ÉDITEURS,

9, RUE CUJAS.

—

1873

INTRODUCTION

La question qui doit faire l'objet de notre étude est ainsi formulée :

Des actes de l'interdit postérieurs au jugement d'interdiction.

Sujet grave et intéressant, parce qu'il porte sur une question d'état, sur une question de capacité, c'est-à-dire sur ce qu'il y a de plus important dans la législation ; mais, aussi, sujet difficile et complexe, parce qu'il n'est pas restreint dans les limites du droit et qu'il emprunte des éléments de décision tant à la science psychologique qu'à la science médicale.

L'interdiction, dans le sens générique de ce mot, c'est une défense ; en cette matière spéciale, c'est *la défense faite par l'autorité publique à un citoyen d'exercer lui-même ses droits civils* ; le citoyen frappé de cette défense est appelé *interdit*.

Cette défense peut être une mesure pénale ou une mesure de protection : elle est une mesure pénale, quand la loi l'attache comme conséquence à certaines comdamnations judiciaires ; dans ce cas, celui qui en est frappé est placé en état d'*interdiction légale* ; elle est une mesure de protection, quand la justice la prononce contre un individu, ou plutôt en faveur d'un individu qui se trouve, à raison de certains phénomènes particuliers, dans l'impossibilité d'exercer lui-même ses droits civils : dans ce cas, cet individu est placé en état d'*interdiction judiciaire*. Les termes mêmes dans lesquels la question est posée prouvent que c'est seulement de l'interdit *judiciairement* que nous avons à nous occuper ici : car l'incapacité de l'interdit *légalement* ne résulte pas d'un *jugement d'interdiction*, elle résulte tacitement d'une sentence de condamnation. Nous avons donc à déterminer les effets de l'*interdiction judiciaire* quant à la capacité de celui qui est soumis à ce régime.

L'interdiction n'est pas une mesure de création nouvelle : de tous temps, le législateur a pensé qu'il devait une protection toute spéciale à certaines classes d'individus placés, soit par l'absence ou l'abolition, soit par l'altération des facultés intellectuelles ou morales, dans l'impossibilité de gouverner eux-mêmes leurs personnes et leurs biens.

En droit romain, l'interdiction existait ; elle existait même dès les premiers temps de la législation
romaine, et Ulpien nous dit qu'en l'organisant, la
loi des Douze Tables ne fit que consacrer un usage
préexistant, *quod moribus quidem ab initio introduc-
tum est* (1).

Avant donc d'étudier ce sujet au point de vue de
la législation qui nous régit, il nous paraît nécessaire
de porter nos regards en arrière et de l'étudier d'a-
bord, aussi brièvement que possible, dans les législations qui ont précédé la nôtre.

Ce travail sera donc divisé en deux parties : la première sera la partie historique ; dans la seconde,
nous étudierons notre sujet sous la législation actuelle.

(1) L. 1 in pr., Dig., *De curatoribus furioso et aliis.*

PREMIÈRE PARTIE

ÉTUDE DU SUJET SOUS LES LÉGISLATIONS QUI ONT PRÉCÉDÉ LA NOTRE

CHAPITRE I.

DROIT ROMAIN.

Sommaire.

§ 1. *Causes de l'interdiction en droit romain.*
§ 2. *Condition des insensés en droit romain.*
§ 3. *Fondement philosophique de la théorie romaine.*
§ 4. *Conclusion.*

§ 1.

Causes de l'interdiction en droit romain.

En entrant dans l'étude du droit romain sur cette matière, il nous faut résoudre une question qui ne semble pas, par sa formule même, rentrer précisément dans les termes de notre sujet, mais dont la solution préalable n'en est pas moins absolument indispensable ; car, en établissant en cette matière, entre la législation romaine et la législation française, des différences essentielles, elle nous permettra, d'une part, d'apprécier, quand nous en serons venus à la discussion, la valeur des précédents historiques ; d'autre part, de restreindre singulièrement les développements que nous devons donner à ce sujet en droit romain. Cette question, la voici :

Quelles personnes pouvaient être frappées d'interdiction ?

La législation romaine n'avait appliqué la mesure de l'interdiction qu'aux prodigues, qu'à cette catégorie de de personnes dont Ulpien nous donne la définition en ces termes : « *Qui neque tempus, neque finem expensarum habet, sed bona sua dilacerando et dissipando profudit* » (1) ; et même la loi des Douze Tables n'interdisait qu'une certaine catégorie de prodigues, ceux qui dissipaient les biens qu'ils avaient recueillis *ab intestat* dans la succession de leur père et de leur grand-père. C'est ce qui résulte de la formule même de l'interdiction, dont le jurisconsulte Paul nous a conservé les termes : *Quando tu bona paterna avitaque nequitia tua disperdis, liberosque tuos ad egestatem perducis, ob eam rem tibi œre commercioque interdico.* Mais là, comme dans les autres parties du droit romain, intervint la juridiction progressiste et civilisatrice du préteur, qui donna un curateur à qui-

(1). L. 1, D., *De curat. fur.*

conque dissipait follement ses biens, encore qu'il ne ren-
trât pas précisément dans les termes rigoureux de la loi.

La législation romaine frappait encore d'interdiction la
femme *quœ luxuriose vivebat*; mais ce cas me parait rentrer dans le premier, et il me semble que Cujas a donné
tout à la fois l'explication et la portée de cette disposition,
quand il a dit : « *Id est mulier profusæ lubidinis, profusi
sumptus* », et quand il a conclu en ces termes : *Igitur
prodigo cuilibet interdicitur bonis.* »

Ainsi donc, le prodigue seul, en droit romain, pouvait
être frappé d'interdiction.

§ 2.

Condition des insensés en droit romain.

Quant aux individus atteints d'insanité d'esprit, soit
qu'il s'agit du *furiosus*, soit qu'il s'agit du *mente captus*,
la loi romaine ne les interdisait pas. Sans doute, elle avait
pris, dans l'intérêt de ces personnes, certaines mesures de
protection : la loi des Douze Tables assignait un curateur
au *furiosus*, le seul dont elle se soit occupée, et le préteur,
par extension, donnait des curateurs aux personnes qui se
trouvaient dans un cas analogue. Mais ce qu'il importe de
remarquer, c'est qu'on n'avait pas jugé nécessaire d'orga-
niser, pour cette situation, une incapacité artificielle, une
incapacité légale telle que celle dont le prodigue était frappé;
le *furiosus* et ceux qui lui étaient assimilés restaient sous
l'empire du fait ; le *furiosus* faisait-il un acte quelconque

en état d'aliénation mentale? l'acte était radicalement nul, quel que fût d'ailleurs cet acte, et quel que pût être l'effet de cet acte. On n'examinait pas, en effet, pour le *furiosus*, si l'acte fait par lui devait avoir pour conséquence de diminuer ou d'augmenter son patrimoine ; dans tous les cas, l'acte était nul, et la raison de cette nullité, Justinien nous la donne : *Furiosus nullum negotium gerere potest, quia non intelligit quod agit* (1). — *Furiosi nulla voluntas est* (2). Les termes mêmes de la loi romaine nous indiquent qu'il s'agit bien là d'une nullité absolue ; en d'autres termes, il n'y avait que l'apparence d'une acte, qui n'existait pas en réalité.

Les lois romaines comparent le *furiosus* à un mort (3), ou bien encore à un homme qui dort (4) ; ce qui prouve surabondamment que le *furiosus*, en tant qu'il était sous l'empire de sa maladie, quoique jouissant toujours en droit de sa pleine et entière capacité, se trouvait en fait dans l'impossibilité la plus absolue de faire valablement un acte juridique quelconque. En matière pénale, il en était de même : la responsabilité du délit était écartée ; on ne voyait dans le *damnum* provenant du fait d'un insensé qu'un acte purement physique, qui ne lui était pas imputable, *quemadmodum si tegula ceciderit* (5).

Au contraire, le *furiosus* faisait-il un acte pendant un

---

(1) § 8, Inst., *De inutilibus stipulat.*
(2) L. 40, D., *De regulis juris.*
(3) L. 24, § 1, D., *Ratam rem haberi.*
(4) L. 1, § 3, D., *De adquir. vel amitt. possess.*
(5) L. 5, § 2, D., *Ad legem Aquiliam.*

intervalle lucide ? cet acte, quel qu'il fût, était parfaitement valable. Ce n'est pas que la curatelle cessât pendant un intervalle lucide : il y avait bien eu des discussions sur ce point : *antiquitas disputabat*, nous dit Justinien ; mais cet empereur trancha la question en déclarant que la curatelle serait permanente (1) ; mais, si la curatelle ne cessait pas pendant les intervalles lucides, l'exercice de la curatelle cessait, et le *furiosus* recouvrait sa pleine et entière liberté, ou, plus exactement, il reprenait sans réserve le libre exercice de sa capacité, qui n'avait jamais été entamée. On ne saurait être plus formel, sur ce point, que Justinien : « *Sed per intervalla quæ perfectissima sunt, nihil curatorem agere, sed ipsum posse furiosum, dum sapit, et hereditatem adire, et omnia alia facere quæ sanis hominibus competunt* (2). » Et ailleurs, faisant application de ce principe au testament, il nous dit : « *Furiosi, si per id tempus fecerint testamentum, quo furor eorum intermissus est, jure videntur esse testati* » (3).

§ 3.

Fondement philosophique de la théorie romaine.

Si maintenant nous cherchons à pénétrer le fondement rationnel et philosophique de la loi romaine, nous retrou-

______

(1) L. 6, C., *De curat. fur.*

(2) L. 6, C., *Ibid.* — Adde, 1. 14, D., *De officio præs.* — L. 2, C., *De contr. empt.*

(3) § 1, Inst. *Quibus non est permissum* . . . . .

vons là une conséquence de cette logique minutieuse, de ce profond esprit d'analyse qui distingue les jurisconsultes romains.

Ils s'étaient dit : le *furiosus* n'a pas besoin d'une protection spéciale quant aux actes qu'il fera lui-même ; de deux choses l'une : ou il a fait l'acte sous l'empire du mal qui le travaille, et alors l'acte est radicalement nul, inexistant ; car tout acte juridique suppose un consentement, or *furiosi nulla voluntas est* ; — ou bien, il a fait l'acte pendant un intervalle lucide, alors qu'il était en pleine possession de sa raison, et alors l'acte est pleinement valable.

Mais, pour le prodigue, c'est autre chose : le prodigue, lui, *mente non caret*, il n'est pas incapable de manifester sa volonté, de donner un consentement valable ; si donc on lui laissait son entière capacité, les actes qu'il pourrait consentir seraient valables en droit, quelque préjudiciables qu'ils fussent pour lui en fait ; donc il faut l'interdire.

C'est bien là la logique des jurisconsultes romains ; mais nous nous croyons en droit d'ajouter que c'est trop de logique, et nous n'hésitons pas à affirmer que le système de notre législation française est incontestablement supérieur, au point de vue pratique, au système romain. Nous reviendrons d'ailleurs sur ce point, en exposant ce système (1).

____

(1) Nous devrons faire plus que d'affirmer la supériorité du système français ; nous devrons la prouver contre une théorie qui l'a trop méconnue.

§ 4.

Conclusion.

Nous arrivons donc à la conclusion suivante : en droit romain, l'interdiction, d'une part, ne s'appliquait pas aux personnes auxquelles elle s'applique uniquement aujourd'hui, c'est-à-dire aux personnes frappées d'insanité d'esprit ; d'autre part, elle s'appliquait uniquement à des personnes auxquelles notre législation ne s'applique plus, c'est-à-dire aux prodigues.

Nous avions donc raison de dire que notre étude du droit romain sur cette matière se trouverait singulièrement abrégée. En effet, deux raisons nous dispensent de la pousser plus loin : la première, c'est que nous n'avons pas ici, en ce qui concerne les insensés, de théorie spéciale à étudier en droit romain ; autant la théorie romaine devait être, en fait, difficile et dangereuse, autant elle était facile et nette, en droit ; le *furiosus* avait-il ou n'avait-il pas sa raison quand il a fait tel acte ? telle était la seule question à résoudre, question dont la formule est simple, mais dont la solution devait l'être beaucoup moins. La seconde raison, c'est que, si nous étudions l'histoire, ce n'est pas dans un but purement spéculatif, c'est pour en tirer des conséquences pratiques : or, l'étude du droit romain ne pourrait nous mener à aucun résultat appréciable, puisqu'il avait laissé l'insensé sous l'empire des principes du droit commun, tandis que notre législation l'a mis au contraire en dehors des principes de droit commun.

Quant à l'interdiction du droit romain, nous ne devons pas nous en occuper, puisqu'elle ne s'appliquait qu'aux prodigues ; toute différente dans sa cause de l'interdiction de notre droit actuel, elle devait être différente dans ses effets. Cette étude serait par conséquent un hors d'œuvre, que nous ne croyons pas pouvoir nous permettre.

Nous nous contenterons d'énoncer le principe général qui régissait cette matière : le prodigue interdit était assimilé au *pupillus* : incapable des actes qui pouvaient rendre sa condition pire, il était capable de tous ceux qui ne pouvaient que la rendre meilleure ; il pouvait acquérir, il ne pouvait pas aliéner.

Au reste, ces principes furent gravement modifiés par la Novelle XXXIX de l'empereur Léon, qui paraît réduire la question à une simple question de fait.

CHAPITRE II·

ANCIEN DROIT FRANÇAIS (1).

Sommaire.

§ 1. *Causes de l'interdiction sous notre ancien droit.*

§ 2. *Effets généraux de l'interdiction sous notre ancien droit.*

§ 3. *Actes essentiellement personnels faits par l'interdit pour cause de démence pendant un intervalle lucide.*

§ 4. *Conclusion.*

§ 1.

Causes de l'interdiction sous notre ancien droit.

Notre ancien droit français était loin de présenter, sur la matière dont nous nous occupons, une théorie complète ; nous ne trouvons dans les auteurs que des décisions éparses, plus ou moins contradictoires, et que l'on aurait cer—

---

(1) Je m'occupe ici du droit coutumier ; on sait que le droit écrit n'était autre que le droit romain dans sa dernière période.

tes grand'peine à ramener à l'harmonie et à l'unité. Aussi, n'avons-nous pas l'intention d'entrer dans des détails qui, en nous entrainant trop loin de notre sujet, ne nous conduiraient à aucun résultat solide ; nous voulons simplement esquisser à grands traits la théorie de l'interdiction sous notre ancienne législation.

De même que la législation romaine, l'ancien droit français appliquait l'interdiction au prodigue ; mais, à la différence de la législation romaine, elle l'appliquait aussi aux déments et aux furieux. Merlin nous dit qu'en dehors de ces causes la demande en interdiction doit être rejetée. Cette jurisprudence fut consacrée par un arrêt du parlement de Paris du 14 décembre 1768.

Cependant cette doctrine n'était pas absolue, et, d'après Merlin lui-même, il est un cas où une femme veuve peut être interdite, encore qu'elle ne soit ni furieuse, ni imbécile, ni prodigue : c'est le cas où étant née dans une condition honnête et ayant des enfants d'un précédent mariage, elle voudrait se mésallier en se mariant à un homme vil par lui-même ou d'un état abject (1). Une trop grande disproportion d'âge, et des avantages excessifs conférés à son nouvel époux par une femme ayant des enfants d'un précédent mariage pouvaient aussi donner lieu à son interdiction. Enfin, notre ancien droit avait admis le système des interdictions partielles : c'était un remède qui variait suivant les circonstances. Un homme avait-il la manie des procès ? on lui défendait d'en commencer aucun sans l'a-

____

(1) Art. 182 de l'Ordonn. de Blois.

vis d'un conseil ; voyait-on un homme sur le point de se déshonorer par quelque alliance déraisonnable ? on lui nommait un conseil sans lequel il ne pouvait contracter mariage (1). Quelquefois même l'interdiction n'était prononcée que pour un temps. Merlin cite un arrêt du Parlement de Paris qui ne prononce l'interdiction que pour deux ans.

§ 2.

Effets généraux de l'interdiction sous notre ancien droit.

Si nous avons indiqué les différentes causes de l'interdiction sous notre ancien droit, c'est parce que ces causes exerçaient, on le conçoit facilement, une influence directe sur les effets produits par l'interdiction à laquelle elles donnaient lieu. Ainsi, l'interdiction prononcée pour une cause spéciale ne produisait qu'un effet spécial aussi. Un homme était-il interdit à cause de son excessive facilité à entreprendre des procès ? l'effet unique de cette interdiction était qu'il ne pouvait plus plaider sans l'avis d'un conseil. C'est ce qui a fait dire à Merlin que ces sortes de personnes ne sont pas véritablement considerées comme interdites.

Quant à l'interdiction générale, nous retrouvons dans notre ancien droit les principaux traits de la théorie romaine : chez l'interdit pour cause de démence ou de fureur, incapacité absolue (mais cette incapacité, qui

(2) Merlin, *Repert.*, vᵉ INTERDICTION.

n'était en droit romain que la conséquenee de la démence, était, sous notre ancien droit, la conséquence de l'inter—diction, et, par suite, elle était permanente) (1) ; chez l'interdit pour cause de prodigalité, incapacité de s'obliger, de diminuer son patrimoine ; capacité d'acquérir. C'est la doctrine exposée par Pothier, dans son *Traité des Obligations;* voici ses propres paroles (2) :

« Il nous reste à observer une différence entre l'in-
« capacité des interdits et des mineurs, et celle des femmes
« qui sont sous puissance de mari. Celles-ci sont absolu-
« ment incapables de contracter sans être autorisées (3) ;

(1) Il ne paraît pas qu'il en ait toujours été ainsi, et notre ancien droit suivait d'abord les principes romains ; Ricard nous dit : « La question de savoir comment se lève l'interdiction .... n'est point susceptible de difficulté, pour ce qui regarde l'insensé ; d'autant que de la même façon, qu'il est demeuré interdit de plein droit, et sans le concours des magistrats, dès l'heure que sa raison s'est éclipsée, aussi, dès le même instant qu'il a recouvré son bons sens, il purge l'incapacité qu'il avait contractée, sans qu'il ait besoin de décret du juge, quoiqu'il eût interposé son autorité lors de la démence en lui donnant un curateur ; d'autant que ce n'est pas l'établissement de la curatelle qui forme, en ce cas, l'interdiction ; ce n'est qu'un secours qui est donné à l'insensé pour l'assister durant le temps de sa faiblesse, et qui doit conséquemment demeurer sans effet aussitôt que la cause a cessé. Et même bien davantage : les lois ont voulu que si la démence n'est point continue, les testaments et les autres actes qui se trouvent faits pendant les bons intervalles soient exécutés, et que l'autorité du curateur, qui avait été nommé, demeure en suspens pour reprendre sa force durant les intervalles moins heureux. » — Mais le principe du droit romain, qui subsista dans les provinces de droit écrit, fit place, dans les pays de Coutumes, à un nouveau principe, celui de l'incapacité permanente.

(2) Pothier, t. II, n° 52.

(3) Remarquons, toutefois, que l'opinion exprimée par Pothier, sur l'incapacité de la femme mariée n'était pas admise par tous les auteurs ; et plusieurs soutenaient que la nullité qui résultait de l'incapacité de la femme n'était que relative (Argou, Ricard, Ferrières).

« elles ne peuvent pas plus, sans cela, obliger les autres
« en contractant que s'obliger elles-mêmes.

« Au contraire, les *interdits pour prodigalité* et les
« mineurs qui commencent à avoir *quelque usage de*
« *raison* sont plutôt incapables de s'obliger en contrac-
« tant qu'ils ne sont incapables absolument de contracter ;
« ils peuvent, en contractant sans l'autorité de leur tuteur
« ou curateur obliger les autres envers eux, quoiqu'ils
« ne puissent s'obliger envers les autres. »

D'où il suit *a contrario* que les interdits pour toute
autre cause que la prodigalité, c'est-à-dire pour cause
de démence ou de fureur, qui n'ont, eux, *aucun usage
de raison*, sont, comme la femme mariée (du moins
d'après Pothier), frappés d'une incapacité absolue, et,
par conséquent, que les actes faits par ces personnes sont
entachés d'une nullité absolue.

<h2 style="text-align:center">§ 3.</h2>

Actes essentiellement personnels faits par l'interdit pour cause de démence pendant un intervalle lucide.

L'interdit pour cause de démence ou de fureur pouvait-il faire certains actes pendant ses intervalles lucides ?
Grande question, que nous retrouverons plus tard avec
toute sa gravité, mais que nous voulons résoudre dès à
présent, sous l'ancienne jurisprudence, pour en avoir
fini avec l'histoire quand nous arriverons à la discussion, et pour apprécier aussi exactement que possible

la valeur de l'argument historique en cette matière. La question se présente relativement à une certaine catégorie d'actes essentiellement personnels et qui n'admettent pas la représentation de l'incapable par son tuteur. Tels sont le mariage, la disposition à titre gratuit entre-vifs ou testamentaire, la reconnaissance d'un enfant naturel, l'adoption. Nous n'avons pas à nous occuper, sous l'ancien droit, de la reconnaissance d'enfant naturel ni de l'adoption.

Restent le mariage et la disposition à titre gratuit :

A. L'interdit pour cause de démence pouvait-il se marier pendant un intervalle lucide ?

B. Pouvait-il faire une disposition à titre gratuit entre-vifs ou testamentaire ?

A. Et d'abord : *L'interdit pour cause de démence pouvait-il contracter mariage pendant un intervalle lucide ?*

Saint Thomas, se posant la question de savoir si un insensé peut contracter mariage pendant un intervalle lucide, la résout affirmativement en ces termes : « *Si* « *autem præcedit furia, aut furiosus habet lucida in-* « *tervalla, aut non : si habet, tunc, quamvis, dum est* « *in illo intervallo, non sit tutum quod matrimonium* « *contrahat, quia nescit prolem educare, tamen, si con-* « *trahit, matrimonium est.* » J'ai cité cette autorité, qui ne m'a pas paru sans valeur en cette matière, eu égard au caractère du mariage sous l'ancienne législation française. Il faut toutefois reconnaître que l'auteur sacré ne s'est pas placé au point de vue qui nous occupe, et qu'il ne suppose pas le cas d'une interdiction prononcée, quoiqu'il ne l'exclue pas. — Pothier met, de la manière la plus formelle, le mariage en dehors des contrats ordinaires, absolument défendus à l'interdit, et le laisse sous l'empire du fait : « *Lorsque la folie d'une personne a des intervalles lucides*, dit-il (1), *cette personne ayant pendant ce temps l'usage de sa raison, il n'est pas douteux que le mariage qu'elle contracterait pendant ce temps serait valable.* » Qu'on ne dise pas que cette décision ne s'appliquait pas aux insensés interdits. Pothier pose le principe d'une manière générale et absolue, et ne fait aucune distinction relative à l'interdit. — C'était aussi l'opinion de Lacombe et de Meslé, qui, après avoir dit que l'interdit ne peut contracter mariage, ajoute pourtant : « *S'il a des moments où il revienne à lui, il pourra dans ces moments se marier* (2). » A ces autorités, nous pouvons joindre encore celle de Despeisses et celle d'Augeard (*Arrêts notables*, t. I, quest. 60), où il rapporte, à l'appui de son opinion, l'espèce très-curieuse d'une femme en démence (*Esther de Serrières*) qui s'était mariée deux fois, et deux fois aussi avait retrouvé la raison dans le mariage.

Il est vrai que l'opinion contraire avait aussi ses partisans (3). Cette opinion se fondait sur ce que, une des fins principales du mariage étant la société de l'homme

---

(1) Pothier, t. VI, p. 38.
(2) Meslé, part. II, chap. XIII, p. 475, 476.
(3) *Nouveau Denizart*, v° EMPÊCHEMENTS DE MARIAGE, t. VII, p. 528.

et de la femme, et toute société étant impossible avec une personne qui est dans un état *habituel* de démence, le mariage est alors impossible. Sans vouloir apprécier quant à présent la valeur de cet argument, et malgré l'autorité de cette opinion isolée, nous croyons pouvoir conclure, sur cette première question, en disant que, d'après la doctrine générale, l'interdit pouvait contracter mariage pendant un intervalle lucide.

B. *L'interdit pouvait-il faire une donation entre-vifs ou un testament pendant un intervalle lucide ?*

Oui, quant au testament, d'après M. Joly de Fleury, dans ses plaidoyers, lors des arrêts des 11 mai 1703 et 10 juin 1704 : « La preuve de l'imbécilité, dit-il, s'admet « plus aisément que celle de la suggestion ; il est des « cas où on la reçoit et où elle est plus facile, *quand il* « *y a eu interdiction précédente.* »

Donc, le testament n'est pas nul par cela seul que le testateur était interdit, et il faut de plus la preuve de l'insanité d'esprit au moment où il a été fait. C'est ce que suppose également M. de Lamoignon, dans ses *Arrêtés* ; c'est ce qu'atteste positivement le chancelier d'Aguessau, dans son plaidoyer du 15 mars 1698 ; et tel était aussi le sentiment de Furgole (1) et de Ricard (2).

Enfin Pothier, sans être explicite à cet égard, nous parait aussi avoir rangé le testament dans une classe à

(1) Furgole, *De Testam.*, chap. IV, sect. 2, n° 208.
(2) Ricard. *Des Donat. et des Testam.*, part. I, chap. III, sect. 2.

part, et l'avoir laissé complètement sous l'empire du fait. Je cite ses propres paroles (1) : « Nos coutumes veulent « que le testateur soit *sain d'entendement* ; la folie, la dé- « mence rendent donc incapable de tester ; cela est pris « dans la nature même des choses : le testament est la « déclaration des dernières volontés ; *celui qui n'a point* « *l'usage de sa raison n'a point de volonté, furiosi nulla* « *voluntas est*. Le testament qu'un homme en démence a « fait est déclaré nul, quand même il n'aurait pas été in- « terdit, *car ce n'est pas tant l'interdiction que la dé-* « *mence même qui le rend incapable de tester....* »

Il est vrai que, dans son *Traité des donations*, Pothier professe très-explicitement, en rejetant l'opinion de Ricard qu'un interdit pour démence qui a recouvré la raison, reste néanmoins incapable de faire une donation tant qu'il n'a pas été relevé de son interdiction (2). Que conclure de là ? Voici, selon nous, l'explication : Pothier a distingué le testament, de la donation entre-vifs ; il a considéré le testament, de même que tous les auteurs précités, comme un acte à part, qui restait complètement sous l'empire du fait et pour lequel la question de capacité se réduisait à ceci : Le testateur était-il ou n'était-il pas *sain d'enten-dement* ? Quant à la donation entre-vifs, il la fait rentrer dans la catégorie des contrats ordinaires, et alors la ques-tion des intervalles lucides est insignifiante : l'incapacité de l'interdit est permanente.

(1) Pothier, t. VIII, p. 261, n°° 134. 135.
(2) Pothier, t. VIII, p. 349. 350.

Nous croyons donc, malgré quelques dissidences (1), que l'opinion générale avait, sur ce point encore, résolu la question affirmativement.

§ 4.

Conclusion.

En résumant ces quelques observations, nous arrivons à la conclusion suivante :

Les causes générales d'interdiction, sous notre ancienne jurisprudence française, étaient la démence et la prodigalité. L'incapacité résultant de l'interdiction pour cause de démence, la seule dont nous ayons à nous occuper, était permanente et absolue : *furiosi nulla voluntas est*, disait-on après la loi romaine. Toutefois, du moins, d'après l'opinion générale, l'interdit pour cause d'insanité d'esprit pouvait, pendant un intervalle lucide, faire certains actes essentiellement personnels et qui ne rentraient pas dans la catégorie des actes ordinaires auxquels s'appliquait la présomption légale d'incapacité : il pouvait se marier, il pouvait tester.

En matière pénale, la solution de l'ancien droit était semblable à celle du droit romain : irresponsabilité pour l'insensé, en tant, bien entendu, qu'il était sous l'empire de sa maladie.

C'est ce que nous dit Pothier : « *Les enfants, les insen-*

(1) *Anci n Denizart*, t. IV, v° TESTAMENT.

sés ne sont capables ni de malignité, ni d'imprudence, par conséquent ni de délits , ni de quasi-délits,» (t. II, n° 57).

Nous en avons fini avec l'histoire. Nous nous étions fait une loi de la brièveté, nous croyons n'y avoir pas dérogé. Nous devions en effet nous borner à mettre en lumière les points qui pouvaient nous être d'une utilité quelconque pour la discussion dans laquelle nous allons entrer maintenant.

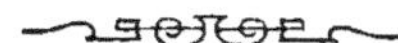

DEUXIÈME PARTIE

ÉTUDE DU SUJET SOUS NOTRE LÉGISLATION ACTUELLE.

Je pose de nouveau la question que nous allons avoir à étudier maintenant sous notre législation actuelle :

Des actes de l'interdit postérieurs au jugement d'interdiction.

Cette question est résolue, par l'art. 502 du Code civil, en ces termes :

L'interdiction ou la nomination d'un conseil aura son effet du jour du jugement. Tous actes passés postérieurement par l'interdit, ou sans l'assistance du conseil seront nuls de droit.

Je dis que la question est résolue par ce texte ; je devrais bien plutôt dire « visée » ; en effet, ce texte si tranchant, si impératif, du moins à première vue, ce texte dans lequel le législateur lui-même a cru voir une vérité « *que toute*

discussion affaiblirait sans rien ajouter à la conviction »
(Rapp. de M. Bertrand de Greuille au Tribunat) est, de
tout le Code, un des plus fertiles en controverses, et l'on
peut dire que chacun de ses termes est le siége d'une discussion plus ou moins grave. C'est dans ce texte pourtant
qu'il nous faudra trouver la solution de notre problème
juridique, et, pour y arriver, voici la division que nous
nous proposons de suivre:

Observations préliminaires.

Chapitre I. — Actes auxquels s'applique l'art. 502.

Chapitre II.— Époque à partir de laquelle, et conditions sous lesquelles les actes de l'interdit sont frappés
de nullité.

Chapitre III. — Caractère de la nullité qui frappe les
actes de l'interdit.

Chapitre IV. — Actes faits par l'interdit pendant un
intervalle lucide.

Appendice. — Réfutation de l'opinion de M. de
Castelnau.

OBSERVATIONS PRÉLIMINAIRES.

Sommaire.

§ 1. *Causes de l'interdiction sous notre droit actuel.*
§ 2. *Caractère général de l'interdiction sous notre droit actuel.*

§ 1.

Cause de l'interdiction sous notre droit actuel.

Nous avons vu, dans la partie historique, que notre ancienne jurisprudence s'était écartée du droit romain en ce qu'elle appliquait l'interdiction aux déments et aux furieux. Notre législation est allée plus loin : elle a pris le contre-pied de la théorie romaine, et, en appliquant, comme notre ancien droit, le remède de l'interdiction aux déments et aux furieux, elle a cessé de l'appliquer aux prodigues : pour les prodigues, elle a organisé un régime à part : elle leur donne un conseil judiciaire (art. 513 et suiv.) (1).

L'interdiction n'est donc plus appliquée, sous notre droit actuel, qu'à l'individu *qui est dans un état habituel d'imbécillité, de démence ou de fureur* (art. 489).

§ 2.

Caractère général de l'interdiction sous notre droit actuel.

Ces personnes-là, nous le savons, la loi romaine les avait laissées sous l'empire du droit commun ; elle ne leur avait pas créé une situation juridique spéciale.

Notre législation a suivi un autre système : du fait habituel de la démence, elle a tiré une conséquence juridique, une présomption légale d'incapacité, et cette présomption légale se traduit par *l'interdiction*. La loi, se basant sur ce fait que l'état habituel de l'insensé est la démence, *présume* que tous les actes qu'il pourra faire seront entachés d'un vice de consentement, et, en conséquence, elle annule ces actes à l'avance.

Mais pourtant un état *habituel* n'est pas un état *nécessaire*, et, par exception, l'insensé pourra recouvrer, dans certains moments, son intelligence et sa raison, et, dès lors, ne semble-t-il pas que, dans ces moments, il doive recouvrer aussi sa capacité ? Oui, si notre législation

(1) Il est bon toutefois de remarquer que l'interdiction romaine se rapprochait à beaucoup d'égards du régime du conseil judiciaire de notre législation.

avait laissé l'insensé soumis aux principes du droit commun: incapable de fait seulement tant qu'il serait sous l'empire du mal, cessant le mal, il recouvrerait le libre exercice de sa capacité.

Mais notre loi française a mis l'insensé en dehors du droit commun et l'a placé dans une situation exceptionnelle ; elle juge ses actes, non pas en fait, mais en droit ; dès lors, on conçoit que la loi a dû déterminer en dehors des règles du droit commun les effets de cette situation particulière qu'elle créait à l'interdit, le caractère de cette nullité qu'elle prononçait à l'avance ; et nous verrons que c'est ce qu'elle a fait.

Mais ce qu'il importe de remarquer ici, c'est que, l'interdiction prononcée, on n'a plus à rechercher en fait si l'interdit avait ou n'avait pas sa raison quand il a fait tel ou tel acte ; car ce point est désormais tout à fait indifférent, la loi ayant à l'avance et *a priori* déterminé la valeur juridique de tous les actes qu'il pourrait faire. Et c'est là l'immense avantage du système français sur le système romain : c'est qu'il nous débarrasse de cette question de fait, qui, d'une part, se multiplierait à l'infini, et qui, d'autre part, serait le plus souvent insoluble : l'insensé avait-il ou n'avait-il pas sa raison quand il a fait tel acte ? C'est qu'en même temps, et par cela même, il protége bien plus efficacement l'insensé en le plaçant à l'avance dans l'heureuse impuissance de compromettre ses intérêts. D'inconvénient, il n'y en a pas ; car la loi lui donne un tuteur pour le représenter dans tous les actes de la vie civile (art. 509 et 450).

Cependant, la supériorité de la loi française sur la loi

romaine a été contestée par un éminent publiciste que
nous aurons à citer souvent dans le cours de ce travail,
M. de Castelnau ; et cela n'a rien de surprenant de la part
d'un homme qui voit dans l'interdiction une institution
contraire à la justice, à la morale et à la raison ; dans la
présomption d'incapacité sur laquelle elle est fondée, « *une
de ces fictions qu'on pourrait croire à jamais reléguées
dans le domaine du roman.*

Nous espérons pouvoir justifier plus tard l'interdiction
contre ces attaques injustes, et prouver qu'elles ne repo-
sent que sur une notion inexacte de la liberté individuelle.
Quant à cette fiction, qu'il serait mieux d'appeler une
présomption, et qui choque tant l'esprit très-positif, trop
positif peut-être de l'honorable médecin, elle n'est pas un
fait isolé dans nos lois, et, en y réfléchissant, on n'a pas
de peine à se convaincre que c'est là un élément nécessaire en législation ; les lois ne sont pas, ne peuvent pas
être faites pour tel ou tel individu pris isolément ; elles
sont faites pour tout le monde ; donc, toutes les fois qu'il
a eu à baser une disposition sur l'état physique ou intel-
lectuel de l'individu, le législateur a dû nécessairement
prendre un type et *présumer* que tous ceux auxquels la
loi doit s'appliquer seraient conformes à ce type : c'est
par un procédé de ce genre qu'il a fixé la majorité à vingt-
un ans, et qu'il a déclaré que l'homme avant dix-huit ans,
que la femme avant quinze ans ne pourraient contracter
mariage. La présomption légale n'est donc pas due à un
écart d'imagination romanesque ; elle est le résultat d'une
nécessité évidente.

La seule question est celle de savoir si l'application de la présomption légale était bonne dans l'espèce. Je le crois, et j'en ai donné les raisons. La cause de l'interdiction cessant par l'apparition d'un intervalle lucide, la loi aurait pu, sans doute, faire cesser l'interdiction elle-même ; elle aurait pu rendre à l'interdit sa capacité, et je veux même bien admettre que cela eût été plus conforme aux exigences d'une rigoureuse logique. Mais aussi voyez les dangers : d'une part, nous allons nous retrouver perpétuellement en présence de ce périlleux problème : l'interdit était-il sain d'esprit quand il a fait tel acte ? Nul n'ignore, et M. de Castelnau moins que tout autre, combien est difficile la constatation d'un intervalle lucide ; d'autre part, l'interdit va perdre tout le bénéfice de la protection de la loi, et cette capacité éphémère que la loi va lui rendre sera une arme puissante que les tiers qui auront contracté avec lui sauront bien retourner contre lui. Voilà de quel prix l'interdit eût payé cette capacité de quelques instants qu'on eût pu lui rendre. Les avantages compensaient-ils les inconvénients ? La loi ne l'a pas pensé, et nous ne le pensons pas non plus ; nous croyons qu'elle a bien fait de maintenir l'interdit dans les liens d'une incapacité permanente, parce que, ayant pourvu l'interdit d'un représentant, elle n'a paralysé dans sa personne que l'exercice de ses droits, mais qu'elle n'a porté aucune atteinte à la jouissance des droits eux mêmes.

Je conclus donc en disant que la présomption légale dont nous nous occupons est légitime dans son principe et heureuse dans son application.

CHAPITRE I.

ACTES AUXQUELS S'APPLIQUE LA PRÉSOMPTION LÉGALE DE L'ART. 502.

Sommaire.

Position de la question.

§ 1. *La présomption légale de l'art. 502 n'est pas applicable aux actes politiques.*

§ 2. *La présomption légale de l'art. 502 est-elle applicable aux actes délictueux ?*

§ 3. *Est-elle applicable à tous les actes de la vie civile ?*

§ 4. *Est-elle applicable aux actions et jugements ?*

POSITION DE LA QUESTION.

Nous avons à nous demander si la présomption légale d'incapacité édictée par l'art. 502 et la nullité qu'elle engendre sont générales et absolues, s'appliquent indistinctement à tous les actes faits par l'interdit, quelle que soit la nature et quel que soit le caractère de ces actes.

Nous connaissons les termes dans lesquels l'art. 502 répond à cette question :

Tous actes passés postérieurement par l'interdit ou sans l'assistance du conseil seront nuls de droit.

Nous allons essayer maintenant de préciser l'étendue et la portée de ce texte.

§ 1.

La présomption légale de l'art. 502 ne s'applique pas aux actes politiques.

Nous disons d'abord que la présomption légale de l'art. 502 ne s'applique pas en matière politique, et nous ne posons pas cette proposition sous forme de question, parce qu'elle ne peut faire question : la qualité de citoyen et l'exercice des droits qui y sont attachés sont réglés par la loi constitutionnelle (art. 1er).

C'est donc la loi constitutionnelle et non la loi civile qui détermine la capacité des interdits en matière politique, et il est à peine besoin de dire que cette capacité est purement négative.

Voici ce que porte, à cet égard, l'art. 5 de la Constitution du 22 frimaire an VIII :

L'exercice des droits de citoyen français est suspendu par l'état d'interdiction judiciaire, d'accusation ou de contumace.

§ 2.

La présomption légale de l'art. 502 est-elle applicable aux actes délictueux ?

J'avoue que je n'aurais jamais songé à me poser cette question, si un auteur considérable en droit criminel (1), ne lui avait donné une solution que je ne saurais m'empêcher de trouver étrange ; je me trompe, et ce n'est pas sous la forme d'une question, mais d'un principe certain et incontestable, que l'on a professé que l'interdit est devant la loi pénale, aussi bien que devant la loi civile, sous le coup d'une présomption légale d'incapacité permanente et absolue, laquelle présomption purge de toute criminalité les méfaits commis pendant l'interdiction, et dégage l'interdit de toute responsabilité envers la loi pénale.

Cette doctrine nous parait absolument inacceptable, tant au point de vue du droit qu'au point de vue de la raison et de l'intérèt général de la société.

1° Au point de vue du droit :

En effet l'art. 502 est un texte du *Code civil*, et un texte qui édicte une présomption légale. Or, une présomption légale ne peut pas être transportée d'un cas à un autre, encore bien moins d'une matière dans une autre, donc l'art. 502 n'est applicable qu'en matière civile.

Et c'est bien là aussi ce qui résulte de l'art. 64 du Code

---

(1) M. Le Sellyer, qui depuis a abandonné cette opinion dans sa dernière édition.

pénal, lequel exige, pour qu'il n'y ait ni crime ni délit, que le prévenu fût *en état de démence au temps de l'action*, et réduit ainsi positivement la question à une simple question de fait. Enfin cette doctrine est encore consacrée par l'art. 66 du Code pénal, qui dispose en ces termes : Lorsque l'accusé aura moins de seize ans , *s'il est décidé qu'il a agi sans discernement*, il sera acquitté......, ce qui prouve jusqu'à l'évidence que les principes de la minorité et de l'incapacité civiles ne sont pas applicables en matière criminelle.

2° Et, si les textes ne suffisaient pas, il me semble que la raison et l'intérêt général de la société suffiraient amplement. L'opinion contraire prétend argumenter *a fortiori* de l'art. 502. Mais, autant l'incapacité dans laquelle la loi place l'interdit en matière civile est une mesure morale et salutaire, autant elle serait immorale et dangereuse, si elle devait assurer d'avance et quand même au crime un brevet d'impunité. Se figure-t-on bien un individu, dans un intervalle parfaitement lucide (je n'ai pas à discuter ici l'existence des intervalles lucides : il faut l'admettre pour que la question naisse); se figure-t-on, dis-je, un individu en pleine possession de sa raison, commettant un crime quelconque, un assassinat peut-être, et, en présence de ce crime, la loi pénale restant impuissante et désarmée ? Non, cela n'est pas possible, et une théorie qui aboutit à un pareil résultat est par cela même condamnée.

On comprend encore la théorie de M. Le Sellyer dans la bouche d'un jurisconsulte qui n'était peut-être pas très-bien fixé sur les données de la science, et qui parait n'avoir qu'une foi douteuse dans l'existence des intervalles lucides. Mais il est permis de s'étonner de rencontrer les lignes suivantes dans l'ouvrage du célèbre médecin dont nous parlions tout à l'heure:

« Par suite d'une de ces fictions qu'on pourrait croire
« à jamais reléguées exclusivement dans le domaine du
« roman, mais dont nos lois, encore si barbares à tant
« d'égards, nous offrent de fréquents exemples, les inter-
« dits sont déclarés incapables de faire aucun acte valable,
« *d'éprouver aucun sentiment et de comprendre aucun*
« *devoir.....* Mais si, par exemple, un interdit allume un
« incendie ou commet un homicide, quelque loin qu'on
« pousse l'amour des fictions, il sera bien difficile de
« prétendre que ce ne sont pas là des actes valables, au
« moins physiquement et même socialement parlant. Mais
« sont-ils valables moralement parlant, ou, en d'autres
« termes, l'interdit peut-il être responsable de pareils actes
« devant la loi pénale ? Quelques jurisconsultes l'ont
« pensé, et parmi eux nous regrettons de trouver le judi-
« cieux M. Demolombe..... Cette doctrine se fonde sur
« cette sorte de principe, qui donnerait une bien triste
« idée de la justice, s'il devait être en effet considéré
« comme règle de ses décisions : que les juges du civil
« n'engagent pas les juges du criminel, et réciproque-
« ment. En sorte que, même dans la France prétendue civi-
« lisée du XIXe siècle, il en serait des juridictions comme
« il en était jadis des Pyrénées: erreur d'un côté, vérité
« de l'autre. Que serait-ce, en définitive, que la con-
« damnation d'un interdit, sinon la déclaration solen-
« nelle *que la juridiction qui a prononcé l'interdiction*

« *a mal jugé*, sinon *la cassation d'un jugement par*
« *une Cour qui n'a pas le droit de casser*, sinon, en
« un mot, *une véritable anarchie judiciaire ?* Mais,
« dira-t-on, l'interdit peut avoir commis le crime ou
« le délit pendant un intervalle lucide : il doit donc être
« responsable, si la lucidité peut être prouvée. — Y
« songe-t-on bien sérieusement ? Comment ! pendant un
« intervalle lucide, l'interdit ne peut disposer librement
« d'une obole, et il pourrait être responsable d'un acte
« qui met en question son honneur et sa vie ! Un pareil
« contraste n'a pas besoin d'être réfuté : il ne pourrait
« exister dans les lois *sans bouleverser toutes les notions*
« *de raison et de justice*. Terminons donc en concluant
« qu'en stricte équité, un interdit, c'est-à-dire un aliéné
« qui est réputé aux yeux de la loi *n'éprouver aucun*
« *sentiment, ne comprendre aucun devoir, ne peut être*
« *responsable des actions qu'il commet, et qu'il ne peut*
« *être condamné comme criminel* (1).

Il me semble que la théorie du sévère critique résis-
terait difficilement à un sérieux examen. Juridiquement,
j'ai le droit d'affirmer qu'elle est maintenant condamnée :
il ne me reste qu'à justifier la théorie que j'ai adoptée,
et qui est certainement celle de la loi, contre les attaques
de l'honorable écrivain.

M. de Castelnau commet une première erreur, et cette
erreur est la source de celles qui la suivent, en dénatu-
rant les conséquences de cette présomption légale. Il serait resté dans le vrai, s'il se fût contenté de dire qu'en

____

(1) *Essai physiologique sur l'interdiction des aliénés*, p. 141 et suiv.

vertu de cette fiction, les interdits sont déclarés *incapables de faire aucun acte valable* (du moins aucun des actes pour lesquels la loi leur a donné un représentant). Il a manifestement erré quand il a ajouté qu'ils sont déclarés incapables *d'éprouver aucun sentiment, de comprendre aucun devoir*. Si la loi avait dit cela, elle aurait commis un excès de pouvoir, qui serait ni plus ni moins une absurdité ; car les faits ne sont pas du domaine de la loi, et elle ne peut avoir aucune action sur eux ; mais ce qui rentre dans le domaine de la loi, ce sont les conséquences juridiques qui s'attachent aux faits ; ces conséquences lui appartiennent. Donc, la loi a pu déclarer les interdits *incapables de faire aucun acte valable* ; mais elle n'a pas eu et elle n'a pas pu avoir la prétention de les déclarer incapables *d'éprouver aucun sentiment, de comprendre aucun devoir*.

J'arrive à la question même : « *La condamnation d'un interdit serait la déclaration solennelle que la juridiction qui a prononcé l'interdiction a mal jugé ; elle serait la cassation d'un jugement par une Cour qui n'a pas le droit de casser, elle serait une véritable anarchie judiciaire.*

Ici, l'erreur est la conséquence immédiate de celle que nous avons relevée déjà. Oui, tout cela serait vrai si le jugement d'interdiction déclarait l'interdit incapable *d'éprouver aucun sentiment, de comprendre aucun devoir*. Mais, comme cela n'est pas, comme cela ne peut pas être, l'anarchie judiciaire dont parle l'auteur est purement imaginaire. La loi a déclaré l'interdit incapable des actes de la vie civile, sans tenir compte des intervalles

lucides. Cette disposition est-elle bonne, est-elle mauvaise?
M. de Castelnau la croit mauvaise, nous la croyons bonne ;
mais là n'est pas la question : elle existe, mais elle existe
en matière civile seulement ; la loi ne pouvait pas, sans
compromettre gravement les intérêts de la société, l'étendre
aux matières criminelles, et nous croyons avoir prouvé
qu'elle n'y a pas songé. Dès lors, il n'y a aucune contradiction entre deux jugements, l'un condamnant l'interdit
qui a commis un crime, l'autre annulant un acte civil par
lui passé, lors même que le crime et l'acte seraient con-
temporains.

Mais, s'écrie l'auteur, *y songe-t-on bien sérieusement?
Comment ! pendant un intervalle lucide, un interdit ne
peut disposer librement d'une obole, et il pourrait être
responsable d'un acte qui met en question son honneur
et sa vie !* — Y eût-il contradiction, la critique s'adres-
serait à la loi ; mais nous croyons pouvoir affimer, après
y avoir songé bien sérieusement, qu'il n'en est rien. Nous
savons les motifs pour lesquels la loi n'a pas cru devoir
relever l'interdit de son incapacité pendant les intervalles
lucides : nous avons dit que les avantages ne compensaient
pas les inconvénients, et que la loi considérant l'extrème
difficulté de la constatation des intervalles lucides, avait
jugé plus conforme à l'intérêt de l'interdit lui-même de le
maintenir dans les liens d'une incapacité permanente.
Passons maintenant aux matières criminelles : la difficulté
de constatation était la même, sans doute ; mais, d'un
autre côté, se dressait un intérêt d'une gravité tout autre :
il ne s'agissait plus de faire taire un intérêt individuel,
fort respectable assurément, mais dont il appartient

pourtant à la loi de comprimer l'exercice dans l'intérêt même de celui qui en a la jouissance (et nous espérons pouvoir démontrer cette proposition contre les assertions de l'honorable M. Castelnau) ; il s'agissait de la sécurité même de la société, que la présomption de la loi eût gravement compromise. Donc la loi a pu, sans bouleverser toutes les notions de raison et de justice, édicter, pour des situations aussi différentes, des dispositions différentes aussi ; elle a pu déclarer à la fois l'interdit incapable devant la loi civile et responsable devant la loi criminelle. Et nous concluons en disant que c'est ce qu'elle a fait (1).

Nous avons par là même répondu à une autre question, qui se lie intimement à celle que nous venons d'examiner, et appelle la même solution.

C'est la question de savoir si la présomption légale de l'art. 502 s'applique en matière de réparations civiles ; en d'autres termes, si l'interdit est responsable civilement

______

(1) *Sic :* M. Valette (sur Proudhon), t. II, p. 516; n° 2.— M. Demolombe, *Traité du mariage,* I, p. 185.

La question de savoir si un insensé est responsable des crimes commis pendant un intervalle lucide a été prévue par deux savants criminalistes, MM. Chauveau et Faustin Hélie, et la solution qu'ils y donnent diffère de la nôtre, sinon en principe, du moins dans l'application. Voici comment s'expriment ces auteurs : « *Si néanmoins ils* « (les maniaques) *commettent un crime, soit dans un intervalle lucide,* « *soit après une interruption plus ou moins longue de la maladie, il* « *n'est pas douteux qu'ils n'en soient moralement responsables, puis-* « *qu'on suppose que l'acte a été accompli en toute connaissance de cause.* « *Mais cette responsabilité doit-elle entraîner ses effets légaux ? ne* « *peut-on pas présumer que l'état habituel d'aliénation a pu exercer* « *quelque influence sur la détermination de l'agent, alors même qu'au-* « *qu'un signe ne la décèle ? Et comment constater la lucidité d'un* « *intervalle dans une maladie mentale ? Enfin faudra-t-il attendre* des crimes, délits et quasi-délits qu'il peut commettre pendant un intervalle lucide.

Mais, avant tout, cette question est primée par une question plus générale, que voici :

L'interdit, ou plus généralement l'insensé, interdit ou non, est-il civilement responsable du dommage causé, je ne dirai pas par ses crimes, délits ou quasi-délits (dénominations qui seraient tout à fait inapplicables aux actes d'un insensé), mais par son fait ?

Je dis que cette question prime l'autre : on conçoit facilement, en effet que, si elle est résolue affirmativement, la question de savoir s'il est responsable pendant ses intervalles lucides sera résolue du même coup, et *a fortiori*.

D'après Merlin, l'insensé serait civilement responsable du dommage causé par son fait. C'est la doctrine qu'il professe dans son Répertoire, v° Blessé, § 3, n° 4, et

« *pour le jugement un autre intervalle lucide ? Et la folie ne pourra-t-*
« *elle pas survenir au milieu de l'instruction ? Ces considérations semblent*
« *assez graves pour faire décider que le maniaque qui, dans une inter-*
« *mittence de sa maladie, a commis un crime, ne doit pas en général*
« *être mis en jugement* » (Chauv. et Faust., t. I, p. 531, n° 256).

Je dois dire que tout cela me paraît un peu manquer d'harmonie et de netteté ; il y a deux questions très-distinctes, et qu'il ne faut pas confondre, la question de *principe* et la question d'*application*.

En principe, dès là qu'on reconnaît que l'insensé est moralement responsable des crimes par lui commis pendant un intervalle lucide et *en toute connaissance de cause*, il me semble qu'il ne faut pas hésiter à dire qu'il en est par cela même légalement responsable. Maintenant, est-il bien certain que son état habituel n'ait exercé aucune influence sur sa détermination ? La folie ne pourra-t-elle pas survenir au milieu de l'instruction ? Ce sont autant de questions de fait qui pourront empêcher ou arrêter l'application du principe, mais qui ne sauraient détruire le principe lui-même.

v° Démence, § 2, n° 3, sans d'ailleurs expliquer les motifs sur lesquels il la fonde. Il cite seulement en ce sens un arrêt du 10 septembre 1683.

Nous ne saurions nous rallier à cette opinion, et nous pensons, avec la majorité des auteurs, que l'insensé est même civilement irresponsable de ses faits dommageables. Cette solution nous paraît la seule conforme :

1° Aux traditions historiques ;

2° Aux textes même du Code civil ;

3° Aux principes philosophiques que cette question met en jeu.

1° En droit romain, Ulpien se pose la question qui nous occupe, et la résout en ces termes :

« *Et ideo quærimus, si furiosus damnum dederit, an* « *legis Aquiliæ actio sit ? Et Pegasus negavit : quæ enim* « *in eo culpa sit, cum suæ mentis non sit ? Et hoc est ve-* « *rissimum : cessabit igitur Aquilia actio, quemadmodum* « *si quadrupes damnum dederit, aut si tegula ceci-* « *derit* » (l. 5, § 2, D., *Ad leg. Aquil.*).

C'était aussi, malgré l'arrêt cité par Merlin, la théorie de notre ancienne jurisprudence, et Pothier l'expose dans les termes les plus explicites et comme un principe incontestable :

« Il résulte de la définition que nous avons donnée des « délits et quasi-délits, qu'il n'y a que les personnes qui « ont l'usage de la raison qui en soient capables : car celles « qui ne sont pas raisonnables, tels que sont les enfants et « les insensés, ne sont capables, ni de malignité, ni d'im- « prudence. C'est pourquoi, si un enfant ou un fou fait « quelque chose qui cause du tort à quelqu'un, *il n'en ré-*

« *sulte aucune obligation de la personne de cet enfant ou*.
« *de ce fou:* car ce fait n'est ni un délit, ni un quasi-délit,
« puisqu'il ne renferme ni imprudence, ni malignité, dont
« ces sortes de personnes ne sont pas susceptibles » (Pothier, t. II, n° 118).

2° Notre législation a-t-elle répudié ces précédents ? Je
crois, au contraire qu'elle les a très-explicitement consa-
crés. J'invoque d'abord la rubrique sous laquelle sont placés les art. 1382 et suivants : *Des délits et des quasi-
délits*; or, ce mot *délit, quasi-délit* (*delinquere*) comporte en lui-même une idée de faute, d'imputabilité à un
degré quelconque. La preuve en résulte de l'excellente
définition que Pothier, le guide habituel de nos législateurs, nous a donnée du délit et du quasi-délit :

« On appelle *délit* le fait par lequel une personne, *par
« dol ou par malignité*, cause du dommage ou quelque
« tort à une autre. »

« Le *quasi-délit* est le fait par lequel une personne, sans
« malignité, mais *par une imprudence qui n'est pas ex-
« cusable*, cause quelque tort à une autre » (t. II, n° 116).

Or, l'insensé est incapable de malignité ou d'imprudence, donc il est incapable de délit et de quasi-délit.

L'art. 1382 lui-même nous démontre que la réparation
ne peut être que la conséquence d'une faute. Il est bien
vrai que ses premiers mots sembleraient donner raison à
l'opinion que nous combattons : *Tout fait quelconque de
l'homme.....* Mais poursuivez, et vous verrez que le législateur a pris soin lui-même de nous donner à la fois le sens
et l'étendue de ce mot *fait*, en ajoutant : ..... oblige celui
par la faute duquel il est arrivé à le réparer. — Donc.

pour qu'il y ait lieu à réparation, il faut qu'il y ait eu *faute*; or, toute faute suppose une volonté libre, qui engendre l'imputabilité; d'où il suit que l'insensé, incapable de faute, ne saurait être soumis à aucune réparation.

Enfin, tous les autres textes de ce chapitre viennent à l'appui de notre interprétation. C'est d'abord l'art. 1383, qui dispose en ces termes : Chacun est responsable du dommage qu'il a causé, *non-seulement par son fait, mais encore par sa négligence ou par son imprudence.* — C'est encore l'art. 1384, aux termes duquel la responsabilité des pères, mères et artisans cesse, s'ils prouvent *qu'ils n'ont pu empêcher le fait qui donne lieu à cette responsabilité.* C'est enfin l'art. 1386 qui rend le propriétaire d'un bâtiment responsable du dommage causé par sa ruine lorsqu'elle est arrivée *par une suite du défaut d'entretien ou par le vice de sa construction.*

De tous ces textes, il résulte que, pour être responsable, il faut être en faute. Et si l'art. 1385, relatif au dommage causé par les animaux, ne paraît pas tout d'abord conforme à cette théorie, il est facile de prouver qu'il repose aussi sur la même base : « *Car, de deux choses l'une,* dit fort bien Marcadé : *ou le maître n'a pas pris toutes les précautions que la prudence commandait, et alors il est en faute ; — ou il s'agit d'un animal tellement méchant que toutes les précautions imaginables pour l'empêcher de nuire sont inefficaces, et alors il est en faute par cela seul qu'il le conserve* » (Marcadé, t. I, art. 1385-1°).

3° Voilà pour les textes ; et maintenant la solution qu'ils consacrent (nous le croyons, du moins) n'est-elle pas aussi rationnellement et philosophiquement la meilleure?

Sans doute, il est triste de voir sa personne exposée, sa fortune compromise peut-être par le fait d'un insensé qui peut avoir des ressources plus que suffisantes pour réparer le dommage qu'il a causé, et on pourrait être d'abord, par cette équité que j'appellerai instinctive, porté à dire : mais puisqu'il faut que le mal retombe sur quelqu'un, c'est au malheureux insensé à supporter les conséquences de son malheur. Oui ; mais là n'est pas le véritable aspect de la question ; ce ne pas l'effet, c'est la *cause* qu'il faut envisager ; or, sur quel principe, je le demande, peut-on fonder une action contre un insensé à raison d'un fait commis par lui ?

Une réparation ? mais ce mot éveille nécessairement l'idée de *faute*, et, pour commettre une *faute*, il faut avoir son *libre arbitre*, condition essentielle de l'*imputabilité*. La conscience et la raison nous disent que, pour demander *compte* à quelqu'un de sa conduite, soit devant la loi pénale, soit devant la loi civile, il faut que ce quelqu'un ait été libre ; autrement, il n'est qu'un instrument passif, une force brutale, inconsciente, et par conséquent irresponsable.

Quant au malheur qu'il peut causer, il faut le ranger au nombre de ces événements fortuits, de ces accidents de force majeure, si fréquents dans la vie, et dont la responsabilité ne pèse sur personne ; *quemadmodum si quadrupes damnum dederit, aut si tegula ceciderit,* comme disait la loi romaine.

Notre conclusion est donc celle-ci :

L'insensé en général, l'interdit en particulier, ne sont

pas même civilement responsables des faits par eux commis sous l'empire de la démence (1).

Ainsi résolue, cette question permet de se poser cette autre question que nous avons annoncée : *L'interdit est-il civilement responsable du dommage causé par lui pendant un intervalle lucide ?*

Nous avons pensé que l'interdit est responsable devant la loi pénale pendant les intervalles lucides ; nous pensons de même qu'il est responsable devant la loi civile du dommage causé par ses délits. Cette solution nous parait commandée par la première ; en effet, l'imputabilité pénale implique la responsabilité civile ; si donc l'irresponsabilité cesse avec la démence devant la loi criminelle, elle cesse par cela même et *a fortiori* devant la loi civile. Et je n'ai pas besoin d'insister sur les conséquences véritablement effrayantes d'une solution contraire, et sur les périls qu'elle ferait courir à la société. Nous avons d'ailleurs un puissant argument d'analogie dans l'art. 1310, relatif au mineur.

Concluons donc en disant que la présomption légale de

____

(1) *Sic* : Toullier, t. II, n° 270. — Zachariæ, t. III, p. 190. — Massé et Vergé, t. IV, p. 16, texte et note 3. — Delvincourt, art. 1383. — Proudhon, *Usufr.*, t. III, n°° 1525, 1526. — Marcadé, art. 1382, 1383, I. — Sourdat, v° RESPONSABILITÉ, n° 16. — Larombière, art. 1382, n° 20 et 21. — Dalloz, v° RESPONSABILITÉ, n° 49. — Caen, 2 décembre 1853 ; Sirey, 54, II, 385.

En conséquence de ce principe, la jurisprudence a décidé que le prévenu, acquitté comme étant en état de démence, ne doit pas être condamné aux dépens, parce que son acte, n'étant pas susceptible d'imputation, et ne constituant point un délit, ne peut constituer non plus un quasi-délit qui le soumette à une réparation civile : Cassation, 29 avril 1837 ; Sirey, 38, I, 924. — Cassation, 10 mai 1843 ; Sirey, 43, I, 676.

l'art. 502 ne s'applique pas plus en matière de responsabilité civile qu'en matière d'imputabilité pénale (1).

§ 3.

La présomption légale de l'art. 502 est-elle applicable à tous les actes de la vie civile ?

Les actes de la vie civile sont de deux sortes :

Il est des actes dans lesquels un citoyen peut être représenté par un autre citoyen, parce qu'ils ne sont pas tellement inhérents à la personne que l'exercice n'en puisse être délégué à une autre personne : en d'autres termes, il est des facultés de la vie civile dont l'exercice peut être séparé de la jouissance, qui peuvent être exercées par l'un pour le compte d'un autre. Quant à ces actes-là, l'incapable peut être représenté par un mandataire que la loi lui donne, par un tuteur. Il serait à la fois impossible et dangereux de fournir une énumération des actes qui rentrent dans cette classe : impossible, car les conventions des hommes ne rentrent pas toutes dans le même moule, elles peuvent revêtir des formes diverses à l'infini ; dangereux, car une énumération a nécessairement un caractère limitatif, qui exclut ce qu'elle ne comprend pas.

Nous nous bornerons donc à dire, d'une manière générale, que dans cette classe rentrent tous les actes qui ont

---

(1) *Sic* : Larombière, t. V, art. 1382-1383, n° 20 ; — Demente, t. II, n° 274 *bis*, V, qui remarque fort justement que la lettre même du texte ne peut s'appliquer aux délits : les délits ne *se passent pas*, ils se commettent.

trait à l'administration du patrimoine, *lato sensu*, et nous citerons, seulement à titre d'exemples, le louage, la vente, etc.

Il est des actes, au contraire, qui ne peuvent être que l'émanation directe et immédiate de la volonté du citoyen, des actes essentiellement inhérents à la personne, des facultés dont l'exercice est inséparable de la jouissance. Ces facultés-là, il faut qu'elles soient exercées par celui auquel elles compètent, ou elles ne seront pas exercées du tout ; car elles ne peuvent pas être exercées par un autre en son nom. Dans cette classe rentrent la reconnaissance d'un enfant naturel, le mariage, l'adoption, la donation entre-vifs, le testament ; tous actes qui n'admettent pas de représentation.

Pour les premiers, pas de difficulté : la présomption légale de l'art. 502 régit tous les actes de la vie civile dans lesquels l'interdit peut être représenté par son tuteur, je n'ai pas besoin d'insister sur ce point, qui n'est ni contestable ni contesté.

Mais grande est, au contraire, la difficulté quant aux actes de la deuxième classe, et c'est une question très-controversée que celle de savoir si la présomption légale d'incapacité de l'art. 502 s'applique aux actes essentiellement personnels dans lesquels l'interdit ne peut pas être représenté. Logiquement, c'est ici que cette question devrait recevoir sa solution. Mais nous avons placé sous le chapitre IV la question de savoir si l'interdit peut faire certains actes pendant un intervalle lucide ; l'intervalle lucide étant une circonstance exceptionnelle chez celui qui est dans un état *habituel* d'imbécillité, de démence ou de fureur, nous avons pensé qu'avant d'aborder ce terrain, il fallait présenter la théorie complète des actes faits par l'interdit dans son état *habituel*. Nous ne voulons donc pas diviser nos explications sur cette grande question, et nous renvoyons au chapitre IV la solution de celle de savoir si l'art. 502 s'applique même aux actes qui n'admettent pas de représentation.

§ 4.

La présomption légale de l'art. 502 est-elle applicable aux actions et jugements ?

Il ne faut pas hésiter à répondre affirmativement, quoique le texte paraisse, à le prendre à la lettre, restreindre la nullité aux actes émanant du fait de l'interdit personnellement : *tous actes passés par l'interdit...*, dit l'art. 502. C'est un vice de rédaction, si l'on veut ; mais c'est tout ce que nous pouvons concéder : l'interdiction prononcée, l'interdit est désormais représenté, à l'égard des tiers, activement et passivement, par son tuteur (art. 509 et 450) : c'est le tuteur qui doit agir contre les tiers ; c'est contre le tuteur que les tiers doivent agir ; c'est donc contre lui que doivent être formées toutes les demandes et significations quelconques qui concernent l'interdit, et toutes celles qui seraient formées contre l'interdit lui-même seraient nulles, de même que tous les jugements dans lesquels il aurait figuré en personne.

Dira-t-on qu'en matière de jugements on a la garantie de la justice ? — Mais, d'une part, la justice, à supposer même qu'elle n'ait pas besoin d'être éclairée sur le droit, la tout au moins besoin d'être éclairée sur les faits, pour appliquer le droit, et il se peut très-bien que l'interdit inéglige les moyens propres à l'éclairer ; d'autre part, en principe, le jugement n'est autre chose qu'un contrat judiciaire : *in judiciis contrahimus* ; or un contrat dans lequel figure un incapable est un contrat nul ; donc le jugement rendu pour ou contre l'interdit agissant en personne est frappé de nullité par l'art. 502, en sorte que l'art. 502 doit être entendu en ce sens que *tout acte juridique dans lequel l'interdit, devant être représenté par son tuteur, aura figuré en personne, sera nul de droit* (1).

(1) *Sic* : Zachariæ, Massé et Vergé, t. 1, p. 471, no 1. — M. Demoombe (t. VIII), *De la minorité*, t. II, n° 632. — Dalloz, *Répert.*, v° INTERDICTION, n° 199. — Riom, 14 février 1842 ; S. D., 42, II, 153. — Comp. aussi Poitiers, 1er février 1842 ; S. D., 43, II, 394.

CHAPITRE II.

ÉPOQUE A PARTIR DE LAQUELLE ET CONDITIONS SOUS LESQUELLES LES ACTES DE L'INTERDIT SONT FRAPPÉS DE NULLITÉ.

Sommaire

Section I. — *Époque à partir de laquelle les actes de l'interdit sont frappés de nullité.*

§ 1. *A quel moment commence l'incapacité de l'interdit.*

§ 2. *L'appel est-il suspensif de cette incapacité ?*

§ 3. *Quels sont les effets de l'arrêt ?*

§ 4. *Les actes portant une date antérieure à l'interdiction, mais non certaine au moment où elle a été prononcée, tombent-ils sous l'application de l'art. 502 ?*

Section II. — *Conditions sous lesquelles les actes de l'interdit sont frappés de nullité.*

§ 1. *L'application de l'art. 502 est-elle subordonnée à l'observation des formalités de publicité ou autres prescrites par la loi ?*

§ 2. *L'art. 502 est-il applicable aux actes passés en dehors du ressort judiciaire où l'interdiction a été prononcée ?*

SECTION I.

ÉPOQUE A PARTIR DE LAQUELLE LES ACTES DE L'INTERDIT SONT
FRAPPÉS DE NULLITÉ.

§ 1.

A quel moment commence l'incapacité de l'interdit ?

L'art. 502 nous répond en ces termes : « *L'interdiction
ou la nomination d'un conseil aura son effet du jour du
jugement....* » Du jour du jugement, cela signifie du
moment même de la prononciation du jugement à l'audience (1).

Toute autre interprétation de ces mots *du jour du jugement* serait absolument dénuée de raison (2).

Ainsi, le jugement d'interdiction produit son effet,
indépendamment de toute signification. L'art. 501 prescrit certaines mesures de publicité pour les jugements
d'interdiction. Mais, avant que ces mesures aient été
remplies, avant même qu'elles aient pu l'être, l'incapacité
frappe l'interdit.

---

(1) *Sic* : Merlin, *Répert.*, t. XVII, v° DÉLAI, sect. 1, § 5, p. 34. —
M. Demolombe (t. VIII). *De la minorité*, t. II, n° 651.

(2) Cette interprétation, qui ne nous paraît pas susceptible de controverse sérieuse, est confirmée par l'article suivant qui porte : « *les
actes postérieurs à l'interdiction* » et non *postérieurs au jour de l'interdiction*.

§ 2.

L'appel est-il suspensif de cette incapacité ?

En est-il de même dans le cas où le défendeur a interjeté appel du jugement qui l'interdit, ou, en d'autres termes, l'appel a-t-il un effet suspensif, quant à l'incapacité qui résulte de l'interdiction ?

D'après l'opinion générale, l'appel ne suspend pas l'incapacité de l'interdit ; l'incapacité existe dès le jugement de première instance, malgré l'appel qui en a été interjeté, mais, bien entendu, sous la condition de la confirmation. C'est aussi l'opinion à laquelle nous croyons devoir nous rallier, tout en reconnaissant que les arguments de l'opinion contraire sont de nature à faire naître des doutes très-sérieux. Je trouve ces arguments dans le livre d'un savant professeur de la faculté de droit de Caen, (M. Bertauld, *Questions pratiques et doctrinales*, t. I, n°s 205-213), et je les résume :

1° La règle est que l'appel est suspensif (art. 357 C. de proc.). Pourquoi veut-on déroger à cette règle en matière d'interdiction ? On invoque l'art. 502. — Mais l'argument que l'on en tire n'est pas décisif ; car on reconnaît que, si le jugement eût refusé l'interdiction et que la Cour l'eût accordée, l'interdiction n'aurait effet que du jour de l'arrêt ; car on reconnaît encore qu'à l'époque où le Code civil a été rédigé, toutes les décisions judiciaires étaient appelées *jugements* (1).

(1) M. Valette. *Expl. somm. du liv. I du Code Nap.*, p. 360, n° 1.

2° N'est-il pas possible que le jugement ait été à sa date mal rendu, qu'il ne soit pas justifié par les faits anté-rieurs, mais que la Cour ait dû le confirmer, et prononcer en vertu de faits nouveaux, une interdiction qui est devenue nécessaire seulement *ex post facto* ? Si le défendeur n'est incapable que de la veille ou du jour même de l'arrêt, le juge proclame l'incapacité, mais il ne saurait la pro-clamer rétroactivement sans s'exposer à altérer, à con-tredire la vérité du fait.

3° Enfin, l'art. 505, en décidant que, s'il n'y a pas d'appel du jugement rendu en première instance, ou s'il est con-firmé sur l'appel, il sera pourvu à la nomination d'un tuteur et d'un subrogé-tuteur à l'interdit, donne une véritable consécration au principe de l'effet suspensif du recours. Comprendrait-on l'existence de l'incapacité pendant une période où l'incapable serait nécessairement sans représentant et sans défenseur ?

Cette argumentation est assurément très-serrée : toute-fois, je crois que l'on peut y répondre. Ce n'est pas que j'admette le motif invoqué par M. Dalloz à l'appui de l'o-pinion que je défends. D'après lui (1), le jugement d'in-terdiction doit produire immédiatement son effet, « *la* « *sentence ne faisant que reconnaître et constater un état* « *de démence, d'imbécillité ou de fureur préexistant.* » L'auteur parait donc considérer le jugement d'interdic-tion comme un jugement *déclaratif* ; or, ce point de vue nous semble tout à fait inexact, et il nous parait certain que le jugement d'interdiction est *constitutif* d'état. —

(1) Dalloz, *Répert*, v°, INTERDICTION, n° 197.

Oui, sans doute, la sentence reconnaît et constate un état de démence, d'imbécillité ou de fureur préexistant ; mais, en vertu de cette démence qu'elle constate, elle frappe (1) le défendeur d'une présomption légale d'incapacité, et le *constitue* dans un état d'interdiction , qui n'était pas, lui, préexistant. Et voilà ce qui fait du jugement d'interdiction un jugement *constitutif* d'état.

Est-ce à dire pour cela qu'il faille admettre la conclusion de M. Bertauld ? Nous ne le pensons pas, et voici nos motifs :

1° Aux termes de l'art. 457 du Code de procédure, l'appel suspend *l'exécution* des jugements ; mais précisément l'incapacité qui frappe l'interdit n'est pas un acte d'exécution du jugement : elle en est une conséquence légale, et la preuve, la voici : tout jugement ne peut être mis à exécution qu'autant qu'il a été signifié (art. 147 C. de proc.), et cependant l'incapacité frappe l'interdit indépendamment de toute signification (art. 502).

2° Le texte d'ailleurs est formel : *L'interdiction ou la nomination d'un conseil aura son effet du jour du jugement.*, et l'argument qui en résulte ne nous paraît pas réfuté par l'éminent jurisconsulte dont nous combattons l'opinion. — Mais, si le jugement eût refusé l'interdiction et que la Cour l'eût accordée, dit-il, vous reconnaissez que l'interdiction n'aurait effet que du jour de l'arrêt. — Eh ! sans doute, et il est bien clair que l'interdiction ne peut pas avoir effet du jour d'un jugement qui ne la prononce pas.

---

(1) Il est à peine besoin de faire remarquer que le mot *frapper*, dont nous nous servirons quelquefois, ne comporte ici aucune idée de pénalité.

Mais en quoi cela prouve-t-il que, quand le jugement la prononce, l'interdiction n'ait pas effet du jour du jugement ? Le législateur a statué *de eo quod plerumque fit,* voilà tout.

On dit encore : la doctrine contraire reconnaît qu'à l'époque où le Code civil a été rédigé, toutes les décisions étaient appelées *jugements.* — Mais c'est là ce que je nie formellement, et je n'ai pas besoin d'aller bien loin pour trouver la preuve du contraire. Voici, en effet, ce que nous lisons dans l'article qui précède immédiatement le nôtre : *Tout arrêt ou jugement* portant interdiction..... Maintenant, que les rédacteurs aient quelquefois employé le mot *jugement* dans un sens générique, c'est là un point qui est tout à fait sans importance et que je ne veux pas contester. Ce que je constate, c'est qu'on connaissait dès lors parfaitement la distinction des *arrêts* et des *jugements.* Ceci posé, est-il admissible que l'article qui vient immédiatement après l'art. 501 ait entendu parler *d'arrêt* en se servant du mot *jugement ?* Et que l'on ne dise pas que le législateur ne s'est pas occupé du cas où le jugement serait frappé d'appel. Il s'en est positivement occupé dans l'art. 505, et alors que dit-il ? Relève-t-il l'interdit de l'incapacité dont l'a frappé l'art. 502 ? Nullement, et tout ce qui résulte implicitement de son texte, c'est que les mesures d'exécution du jugement, telles que la nomination du tuteur et du subrogé-tuteur, sont suspendues par l'appel. — Quant à l'état de l'interdit, il demeure ce qu'il était.

3° Le texte nous paraît donc formel ; et, dès lors, quelle que soit la gravité de l'objection formulée par

M. Bertauld, elle ne saurait nous arrêter. Il se pourrait, je veux bien l'admettre, qu'un arrêt confirmât une interdiction qui ne se justifiait pas quand elle a été prononcée, mais qui est devenue nécessaire *ex post facto :* je ne pense pas, d'ailleurs, que la concession soit bien dangereuse ; car, si l'objection peut être faite en théorie, on nous concédera qu'elle n'a pas une importance capitale en pratique. Quoi qu'il en soit, *statuit lex*, et j'ajoute que je ne saurais qu'approuver la loi ; car le système contraire offre des inconvénients bien autrement graves, en nécessitant une procédure spéciale pour faire tomber chacun des actes que l'interdit a pu faire dans l'intervalle du jugement à l'arrêt.

4° Quant au dernier argument que l'on tire de l'art. 505, il ne nous paraît pas concluant. Comprendrait-on l'existence de l'incapacité pendant une période où l'incapable serait nécessairement sans représentant et sans défenseur ? — Je réponds : est-ce que, d'une part, l'incapacité de l'interdit ne commence pas au moment même de la prononciation du jugement ? Est-ce que, d'autre part, il se peut que, dès ce moment même, la tutelle soit organisée ? Est-ce qu'il n'y a pas dès lors une période où l'incapable se trouve nécessairement sans représentant et sans défenseur ? Est-ce que, enfin, un administrateur provisoire ne peut pas, pendant l'instance, remplacer le tuteur ? et le système contraire n'est-il pas lui-même, dans ses conséquences, bien plus préjudiciable aux intérêts de l'interdit ?

De tous ces motifs, nous concluons que l'incapacité date du jour du *jugement*, dans le sens technique de ce mot, et qu'elle n'est pas suspendue par l'appel qui peut être interjeté par l'interdit (1).

§ 3.

Quels sont les effets de l'arrêt ?

Nous venons de voir l'effet de l'appel, voyons maintenant l'effet de l'arrêt.

La Cour peut :

Ou confirmer le jugement, quel qu'il soit ;

Ou le réformer :

Soit en rejetant l'interdiction qu'il a prononcée ;

Soit en prononçant l'interdiction qu'il a rejetée ;

Soit enfin en donnant simplement un conseil judiciaire au défendeur que le tribunal aurait interdit.

Nous avons à nous demander quel sera, dans ces différentes hypothèses, le sort des actes passés entre la date du jugement et celle de l'arrêt.

Si la Cour confirme, pas de difficulté, et nous n'avons sur ce point qu'à rappeler notre conclusion sur la question précédente : l'interdiction produit ses effets du jour du jugement.

Parcourons successivement les autres hypothèses :

1° La Cour réforme en rejetant l'interdiction que le tribunal avait prononcée. — Pas de difficulté dans ce cas

______

(1) *Sic :* Delvincourt, t. I, p. 132.— Duranton, t. III, n° 770.— Marcadé, t. II, art. 502, 1.— Proudhon, t. II, p. 325.— M. Demolombe (t. VIII), *De la Minorité*, t. II, n° 550.— Dalloz, *Répert.*, v° INTERDICTION, n° 197.— Riom, 14 fév. 1842 ; S. D., 42, II, 153.

encore ; il est bien clair, en effet, que, quand un jugement d'interdiction est réformé sur appel, ce jugement étant non-avenu, les actes passés entre le jugement et l'arrêt sont et demeurent valables (1).

2º La Cour réforme en prononçant l'interdiction que le tribunal avait rejetée. Dans ce cas, il ne peut être question de nullité pour les actes passés antérieurement à l'arrêt, et il est bien évident que les effets de l'interdiction datent, non du jour du jugement, mais du jour de l'arrêt.

3º Enfin, la Cour réforme en donnant simplement un conseil judiciaire à celui que le tribunal avait interdit. Dans ce cas, celui que le tribunal avait interdit, et auquel la Cour donne un conseil, se trouve rétroactivement n'avoir été incapable que dans les limites de l'art. 499 : tous les actes faits par lui, qu'un individu pourvu d'un conseil judiciaire peut faire seul, sont et demeurent valables. Telle est la doctrine enseignée par Marcadé (art. 502-1°) et par M. Valette (*Expl. somm.*, p. 365), et c'est aussi celle que nous croyons devoir adopter.

Ce n'est pas que cette solution nous paraisse à l'abri de toute objection ; peut-être pourrait-on soutenir avec force que la nomination d'un conseil est une mesure toute différente, sinon dans ses effets, au moins dans sa nature, de

______

(1) Marcadé, t. II, art. 502-I. — M. Valette *Expl. somm. du liv. I du Code Nap.*, p. 365.

La conséquence de ce principe est que la nullité des actes passés par l'interdit depuis le jugement ne pourrait pas être demandée pendant l'instance d'appel ; mais, si elle l'a été avant l'appel interjeté, point de doute qu'elle n'ait été régulièrement intentée : seulement les juges devront surseoir à statuer, jusqu'à ce que l'arrêt soit intervenu, puisque c'est cet arrêt qui décidera si l'interdit était capable ou incapable quand il a fait l'acte. — Demante. t. II, nº 274 *bis*.

l'interdiction, puisque, dans l'une, le tuteur est seul en scène, et que, dans l'autre, c'est l'incapable lui-même qui agit avec l'assistance d'un conseil ; peut-être surtout pourrait-on s'étonner qu'un individu soit déclaré avoir été, pendant une certaine période de temps incapable de faire certains actes sans l'assistance d'un conseil....... qu'il n'avait pas : d'où l'on pourrait conclure que l'incapacité, dans ce cas, ne peut commencer que du jour de l'arrêt qui nomme le conseil (art. 499).

Quelle que soit la gravité de ces objections, qui d'abord m'avaient frappé, je crois qu'il sera tout à la fois plus logique et plus sûr de décider que l'individu que le tribunal avait interdit, et auquel la Cour donne simplement un conseil judiciaire aura été, dans l'intervalle, incapable dans les limites de l'art. 499. Les juges ne peuvent statuer *ultra petita* ; tel est le principe consacré par l'art. 480-3° et 4° C. de proc. ; — or, sur une demande en interdiction, les juges peuvent prononcer la nomination d'un conseil ; — donc la nomination d'un conseil est compromise dans l'interdiction, et ce n'est qu'une interdiction partielle ; d'où la conséquence que cette interdiction partielle doit, comme l'interdiction totale, produire ses effets du jour du jugement. Ce qui me porte surtout à le décider ainsi, c'est que cette solution est infiniment préférable dans l'intérêt de l'incapable, que la solution contraire compromettrait gravement.

§ 4.

Les actes portant une date antérieure à l'interdiction, mais non certaine au moment où elle a été prononcée, tombent-ils sous l'application de l'art. 502 ?

L'interdiction ou la nomination d'un conseil produit ses effets du jour du jugement. Tous actes passés *postérieurement* par l'interdit ou sans l'assistance du conseil, seront nuls de droit. *Postérieurement :* Ce mot fait naitre une question : les actes sous-seing privé portant une date antérieure à l'interdiction, mais non certaine au moment où cette interdiction est prononcée, sont-ils frappés de nullité ? Cette question ne rentre peut-être pas dans les termes précis de mon sujet, puisque j'ai à traiter *des actes de l'interdit postérieurs au jugement d'interdiction*. Toutefois, elle ne lui est pas non plus tout à fait étrangère : si, en effet, comme le veut une opinion, on doit déclarer nuls les actes qui n'ont pas une date certaine antérieure à l'interdiction, c'est que ces actes seront présumés postérieurs et antidatés ; en sorte que la question pourrait être formulée autrement, de la manière suivante :

Doit-on considérer comme passés postérieurement à l'interdiction et dès lors nuls de droit, les actes dont la date n'était pas devenue certaine au moment de l'interdiction ?

Ainsi formulée, la question rentre dans notre sujet, et c'est pour cela que nous croyons devoir en dire quelques mots.

Il est une opinion d'après laquelle les actes de l'interdit qui n'ont pas acquis date certaine avant le jugement d'interdiction, tombent sous l'application de l'art. 502. Cette doctrine a été consacrée par plusieurs arrêts (1). Si l'on cherche dans ces arrêts les motifs de décision qui les ont dictés, on trouve qu'ils se réduisent à un seul et unique : à savoir, que la justice ne peut admettre comme valables des engagements dont les dates sont incertaines, sans rendre illusoires les jugements d'interdiction ou de nomination de conseil judiciaire.

Cette doctrine est, selon nous, tout à fait inadmissible, et l'argument sur lequel elle se fonde nous parait devoir tomber devant le syllogisme suivant :

De la combinaison des art. 1322 et 1328, il résulte que l'acte sous seing-privé fait foi de sa date entre les parties ; c'est seulement à l'égard des *tiers* que l'acte sous seing-privé qui n'a pas date certaine ne fait pas foi de sa date ; — or, l'une des parties ne peut pas, apparemment, être considérée comme un *tiers* relativement à l'acte qu'elle a souscrit ; — donc, l'acte sous seing-privé fait foi de sa date à l'égard de l'interdit, qui ne peut dès lors, ni par lui-même ni par son tuteur (qui n'est pas un tiers, lui non plus sans doute, mais qui n'est que le mandataire légal de l'interdit), proposer la nullité, sous le seul prétexte que la date n'était pas certaine lors du jugement d'interdiction.

L'art. 1410 nous fournit un argument de plus, s'il en était besoin, en disposant que *le créancier de la femme, en*

-----

(1) Cassation, 9 Juillet 1816. — Amiens, 15 Février 1823.— Rouen, 22 Juillet 1828.

vertu d'un acte n'ayant pas de date certaine avant le ma-
riage, peut en poursuivre contre elle le paiement sur la nue
propriété de ses immeubles personnels.

Et puis le système contraire conduirait logiquement à un résultat singulier : c'est que l'acte sous seing-privé ne ferait jamais foi de sa date entre les parties : il y a, en effet, une incapacité par laquelle nous avons tous passé, la minorité ; et il n'y a pas de raisons, si l'on suit le système que je combats, pour ne pas présumer que tous les actes sont postdatés, et qu'ils ont été souscrits en minorité.

Nous concluons donc en disant que l'acte sous seing-privé, faisant foi de sa date entre les parties, ne tombe pas sous l'application de l'art. 502, par cela seul que sa date n'était pas certaine au moment de l'interdiction. Mais nous réservons, bien entendu, la question de fraude, et nous ajoutons même que les juges pourront se montrer moins rigoureux qu'en matière ordinaire pour admettre la fraude. Et ceci répond complétement à l'unique argument sur lequel se fonde la doctrine des arrêts précités (1).

Nous avons ainsi répondu à notre première question : à partir de quel moment les actes de l'interdit sont-ils frappés de nullité ?

(1) *Sic :* Delvincourt, t. 1, p. 132, note. — Duranton, t. III, n° 772. — Dalloz, *Répert.,* v° INTERDICTION, n° 221. — Cassation, 17 mai 1831. — Lyon, 2 nov. 1831. — Cassation, 8 mars 1836. — Orléans, 25 août 1837, 21 mars 1838. — La conséquence évidente de notre principe est que le débiteur qui prétend que, malgré sa date, l'acte a été passé en interdiction doit le prouver : *Reus excipiendo fit actor.*

SECTION II.

CONDITIONS SOUS LESQUELLES LES ACTES DE L'INTERDIT SONT FRAPPÉS DE NULLITÉ.

---

§ 1.

L'application de l'art. 502 est-elle subordonnée à l'observation des formalités de publicité ou autres prescrites par la loi ?

Un point nous paraît d'abord à l'abri de toute controverse : à savoir que les tiers qui ont traité avec l'interdit ne peuvent pas se prévaloir de l'omission des formalités préalables au jugement d'interdiction, par exemple, de la violation de l'art. 515, pour soutenir que celui avec lequel ils ont contracté ne se trouvait pas légalement frappé d'incapacité. Car ces formalités n'ont été établies que dans l'intérêt de l'interdit seul : donc lui seul peut être admis à se prévaloir de leur omission (1).

Mais peuvent-ils se prévaloir du défaut d'accomplissement des formalités de publicité prescrites par l'art. 501, et, pour donner à la question sa formule juridique, *l'ap-*

(1) *Sic* : MM. Aubry et Rau, sur Zachariæ, t. 1, p. 516, texte et note. — Cassation, 27 avril 1842 ; Dalloz, 42, 1, 340.

plication de l'art. 502 est-elle subordonnée à l'observation des formalités de l'art. 501 ?

Une opinion enseigne l'affirmative ; cette opinion décide que, si le jugement n'a pas été inscrit dans les dix jours sur les tableaux affichés dans la salle de l'auditoire et dans les études des notaires de l'arrondissement, ce jugement ne pourra pas être opposé au tiers qui ont contracté avec l'interdit.

On dit, pour soutenir cette doctrine, que les dispositions des art. 501 et 502 sont corrélatives, et que la nullité de l'art. 502 est subordonnée à l'observation des formalités de l'art. 501.

On dit encore que la nullité est de rigueur et qu'elle est toujours sous-entendue par le législateur, lorsque l'observation des formalités et le délai dans lequel elles doivent être remplies intéressent l'ordre public.

On dit enfin que l'intérêt des tiers exige qu'il en soit ainsi, et qu'il n'y aurait plus de sûreté dans les relations civiles et commerciales, si l'on était exposé à voir ces actes frappés de nullité en vertu de décisions judiciaires qui n'ont reçu aucune publicité, et dont on ignorait l'existence (1).

Cette opinion ne me paraît pas juridique, et je crois tout à fait que l'application de l'art. 502 est absolument indépendante de l'observation des formalités prescrites par l'art. 501.

____

(1) *Sic :* Toullier, t. II, n° 1384. — Carré, *Quest.*, 3041. — Massé et Vergé, sur Zachariæ, t. I, p. 467, note 19. — Turin, 20 janvier 1810 ; Sirey, 1811-II-3. — Cassation, 16 juillet 1810 ; Sirey, 1811-I-5, malgré les remarquables conclusions de Merlin.

Les arguments que l'on invoque sont loin d'être concluants, et je veux commencer par les réfuter :

1° On dit que les dispositions des art. 501 et 502 sont corrélatives. — Mais c'est là une pure affirmation sans preuve, et à laquelle l'art. 502 lui-même donne le démenti le plus formel ; si l'effet de l'interdiction était subordonné à l'accomplissement des formalités de l'art. 501, cet effet ne commencerait que du jour ou ces formalités seraient accomplies; or, d'après l'art. 502, l'interdiction produit son effet du jour du jugement, tandis que l'art. 501 donne dix jours au demandeur pour remplir les formalités qu'il lui impose ; donc, l'application de l'art. 502 est indépendante de l'observation de ces formalités.

2° La nullité est de rigueur, et elle est toujours sous-entendue par le législateur lorsque l'observation des formalités intéresse l'ordre public. — Mais l'observation des formalités de publicité prescrites par l'art. 501 n'intéresse que les tiers qui contractent avec l'interdit. Oh! sans doute, l'ordre public, dans l'acceptation large de ce mot, est, jusqu'à un certain point, intéressé à ce que les tiers ne puissent pas être induits en erreur ; l'intérêt public, après tout, n'est que le résumé et la somme des intérêts privés. Mais, à ce compte, l'ordre public est intéressé à l'observation de toute espèce de disposition législative, qu'elle qu'elle soit, et, dans cet ordre d'idées, on peut dire que toute violation d'un droit trouble l'ordre public. Donc l'argument ne prouve rien. Et, pour le renverser tout à fait, je n'ai qu'à rappeler l'art. 67 du Code de commerce, dont la disposition a beaucoup de rapport avec celle qui nous occupe : Tout contrat de mariage entre époux, dont l'un sera commerçant, sera transmis par extrait, dans le mois de sa date, aux greffes et chambres désignés par l'art. 872 du Code de procédure, pour être exposé au tableau conformément au même article. Cet extrait annoncera, etc......

C'est, on le voit, une disposition tout à fait analogue à celle de l'art. 501, et on pourrait dire avec tout autant de vérité qu'elle intéresse l'ordre public. Cependant, le texte n'y attache pas la nullité comme sanction, et il ne faut pas songer à l'y suppléer, le législateur s'étant positivement expliqué sur ce point lors des travaux préparatoires.

3° Enfin, on invoque l'intérêt des tiers et la sécurité nécessaire aux relations commerciales. — Ces intérêts sont assurément fort respectables ; mais il est à côté d'eux un intérêt non moins respectable, un intérêt sacré, que la doctrine contraire paraît oublier et que le législateur, lui, a placé au premier rang : cet intérêt, c'est celui de l'interdit. Le législateur a pensé qu'il ne serait pas juste, qu'il ne serait pas raisonnable d'abandonner cet intérêt à la merci d'un parent plus ou moins négligent, et qu'il ne se pouvait pas que les mesures de protection prises par la loi en sa faveur fussent frappées d'impuissance parce qu'un tiers aurait omis certaines formalités qui lui étaient imposées. Et la preuve que, dans la pensée du législateur, l'intérêt de l'interdit a primé tout autre intérêt, c'est qu'il fait commencer l'incapacité avant qu'aucune formalité de publicité ait pu être remplie.

J'ajoute, suivant la judicieuse remarque de M. Demolombe, qu'il y a déjà pour les tiers une sorte de publicité

dans la procédure en interdiction, dans la prononciation
à l'audience des décisions préparatoires et définitives.
J'ajoute enfin que l'intérêt des tiers est complétement
sauvegardé, en ce sens que, s'ils éprouvaient quelque
préjudice par suite de l'inobservation de l'art. 501, ils
auraient un recours, soit contre le demandeur en interdiction, en vertu du droit commun, soit contre les officiers
publics responsables de cette omission en vertu de l'art.
18 de la loi du 25 ventôse an XI, pourvu, bien entendu,
que les uns ou les autres eussent contrevenu à l'article 501.
Donc, l'intérêt des tiers n'est pas sacrifié.

Voilà, je le crois, la réponse à tous les arguments de la
doctrine contraire. Et maintenant je ne vois pas ce qu'elle
pourrait répondre, à son tour, au raisonnement suivant :

1° L'art. 501 ne prononce pas la nullité comme sanction
des formalités qu'il édicte, pas plus que l'art. 502 ne
subordonne sa disposition à l'observation de ces mêmes
formalités ; or une nullité ne saurait être suppléée, à
moins qu'on ne soit en présence d'un de ces textes qui
déterminent les conditions substantielles et constitutives
d'un acte, et encore, même dans ce cas, la loi prononce
elle-même le plus souvent la nullité (art. 1001) ; mais on
n'oserait pas soutenir, je pense, que les formalités prescrites par l'art. 501 soient constitutives de la substance
du jugement d'interdiction, puisque ces formalités ne
peuvent être remplies qu'après que le jugement a été
rendu, a reçu sa pleine et entière perfection, et, qui
plus est, son exécution ; donc, on ne saurait prononcer la
nullité sans ajouter à la loi.

2° Et non-seulement le législateur n'a pas prononcé la

nullité, mais tout démontre qu'il n'a pas voulu la prononcer ; car il connaissait parfaitement les règlements anciens sur cette matière ; il connaissait l'arrêt du Parlement de Normandie (31 janvier 1597), ordonnant que les jugements d'interdiction fussent *écrits en tableaux qui seraient affichés aux tabellionages des villes et lieux du domicile de l'interdit, sur peine de nullité ;* il connaissait les arrêts du Parlement de Paris des 18 mars 1614, 23 décembre 1621, 4 août 1718, et 17 juillet 1774, prescrivant la même formalité pour les sentences d'interdiction émanées du Châtelet. Quand, en présence de ces précédents, il a gardé le silence et n'a pas prononcé la nullité, n'avons-nous pas le droit d'affirmer qu'il n'a pas voulu qu'elle fût prononcée ?

Et en effet, quand le législateur veut attacher la nullité comme sanction de certaines formalités de publicité, telles que celles qui nous occupent, il s'en explique catégoriquement. Voici par exemple en quels termes dispose l'art. 1445 :

Toute séparation de biens doit, avant son exécution, être rendue publique par l'affiche sur un tableau à ce destiné, dans la principale salle du tribunal de première instance, et de plus, si le mari est marchand, banquier ou commerçant, dans celle du tribunal de commerce du lieu de son domicile, *et ce à peine de nullité de l'exécution.....* En voulez-vous une autre preuve encore ? lisez l'art. 942.

Et n'avons-nous pas, d'ailleurs, à cet égard, le témoignage du législateur lui-même ? Voici ce que disait, sur les formalités de l'art. 501, le conseiller d'État Emmery, dans l'Exposé des motifs : « Ces précautions sont prises « dans l'intérêt des tiers : *il faudra, pour en assurer l'exé-* « *cution, descendre dans quelques détails qui scraient* « *au-dessous de la majesté de la loi ; il y sera pourvu par* « *des règlements d'administration publique* dès que le « notariat sera tout à fait organisé. »

Les règlements sont venus, et l'art. 18 de la loi du 25 ventôse an XI sur le notariat décide que le notaire, contrevenant à la règle de l'art. 501, sera tenu *des dom-mages-intérêts des parties*, expressions qui indiquent clairement, suivant la remarque de M. Valette, tous ceux qui ont traité avec l'incapable dans l'ignorance de son incapacité. Ainsi donc, nous voilà bien édifiés sur les intentions du législateur ; c'est lui-même qui nous le dit : il n'a pas prononcé la nullité, parce qu'il n'a pas voulu que l'inobservation des formalités de l'art. 501 eût la nullité pour sanction ; il a employé d'autres moyens *pour en assurer l'exécution.*

3° Je veux enfin tirer un dernier argument de l'impossibilité logique à laquelle aboutit la doctrine que je combats. Aux termes de l'art. 502, l'interdiction a son effet du jour du jugement : or, supposons qu'immédiatement après, en sortant de l'audience, l'interdit vende tous ses biens, fasse des emprunts, etc.. Tous ces actes-là sont nuls : la nullité est acquise à l'interdit ; elle est, si je puis dire, *in bonis.* Eh bien ! si l'on applique le système que je réfute, on arrive à ce résultat étrange, que des actes qui étaient nuls de droit quand ils ont été faits (art. 502) deviendront valables *ex post facto*, et cela parce qu'un tiers aura négligé de remplir les formalités que l'art.

501 lui imposait. Je dis que c'est là une conséquence inadmissible, et qui est la condamnation du système dont elle émane.

Notre conclusion est donc celle-ci : l'interdiction produit tous ces effets, et les actes passés par l'interdit sont frappés de nullité, indépendamment de l'observation des formalités de l'art. 501 : le seul effet du défaut d'accomplissement de ces formalités est d'ouvrir aux tiers auxquels il aurait préjudicié un recours contre ceux qui sont en faute de les avoir négligées. Telle est d'ailleurs l'opinion de presque tous les auteurs (1).

Par application de mêmes principes, et *a fortiori*, il faut décider que l'interdiction produit son effet, encore que les formalités de publicité n'aient pas été accomplies dans l'arrondissement du domicile du défendeur, parce

---

(1) *Sic :* Merlin, *Quest. de droit*, v° TABLEAU DES INTERDITS, § 1.— Delvincourt, t. I, p. 329, note. — Duranton, t. III, n° 771.— Marcadé, t. II, art. 502-1. Demante, t. II, n° 274 *bis*, III.— Aubry et Rau, sur Zachariæ, t. I, p. 463. — Favard, § 3, n° 3. — Chardon, n° 246. — Ducaurroy, Bonnier et Roustaing, t. I, n° 727.— Dugervier, sur Toullier, t. II, n° 1331, note A. — M. Valette, sur Proudhon, t. II, p. 527. — M. Valette, *Expl. somm., etc.*, p. 366, 367. — M. Demolombe (t. VIII), *De la Minorité*, t. II, n° 550. — Dalloz, *Répert.*, v° INTERDICTION, n° 203. — Montpellier, 1er juillet 1840 ; S. D., 40-II-314. — Douai, 22 juin 1854 ; S. D., 54-II-491. — Tribunal civil de la Seine, 15 décembre 1860. — On a fortement invoqué, dans le système contraire, l'opinion de Malleville ; mais Merlin a très-bien fait remarquer qu'il ne dit pas que l'interdit serait non recevable à attaquer l'acte par lui passé ; il dit : « *Je crois que le défaut d'affiches rendrait les parents non recevables à quereller un acte qu'un tiers aurait passé de bonne foi avec l'interdit.* » En tous cas, l'opinion de Malleville est une opinion personnelle, très-autorisée sans doute, mais qui ne vaut pas un bon argument.

que l'interdiction aurait été prononcée par un tribunal incompétent *ratione personœ.*

§ 2.

L'art. 502 est-il applicable aux actes passés en dehors du ressort judiciaire où l'interdiction a été prononcée ?

Nous ajoutons que, par suite de la généralité des termes de l'art. 502, la nullité frappe même les actes passés hors du ressort judiciaire dans lequel a eu lieu la publicité par voie d'affiches. C'est ce qui a été jugé par un arrêt de cassation du 29 juin 1819, rapporté par Merlin (*Question de droit,* v° Tableau des interdits, § 2).

On a sans doute pensé, dit M. Valette, que les tiers prendraient les informations nécessaires dans le lieu du domicile de l'incapable. On a surtout pensé, selon nous, que, sans cela, la mesure de l'interdiction serait impuissante et illusoire, et on a voulu protéger l'interdit d'une manière efficace. Et ceci prouve de plus en plus que, dans la pensée du législateur, l'intérêt de l'interdit a primé tout autre intérêt.

CHAPITRE III.

Sommaire.

SECTION I.

CARACTÈRE GÉNÉRAL DE LA NULLITÉ DES ACTES DE L'INTERDIT.

---

§ 1.

Historique.

En droit romain, nous le savons, l'acte fait par le *furiosus* était nul radicalement, comme manquant d'une condition essentielle et *sine qua non* de la validité de toute acte juridique, le *consensus.*

Dans notre ancien droit, il en était de même et nous avons vu la distinction que Pothier établit à cet égard entre la femme mariée non autorisée et l'interdit pour cause de démence d'une part, et d'autre part, l'interdit pour prodigalité et le mineur qui a déjà quelque usage de raison (1).

§ 2.

Principe de notre législation actuelle.

Notre législation s'est-elle conformée à ces traditions ?

On pourrait le croire d'abord en lisant l'art. 502 : « Tous actes passés postérieurement par l'interdit, ou sans l'assistance du conseil, seront *nuls de droit.* » Cette

---

(1) Pothier, t. II, n° 52.

formule semblerait indiquer que ces actes n'ont aucune existence juridique.

Or, voici quelles seraient les conséquences de la nullité absolue :

1° L'acte nul absolument n'étant qu'un pur fait, sans caractère légal, on n'a pas besoin d'agir en justice pour en faire prononcer la nullité. Que voulez-vous qu'on annule, puisqu'il n'y a rien ? dit fort bien M. Demolombe.

2° Toute personne intéressée est fondée, en tout temps, à opposer la nullité de cet acte.

3° Un pareil acte n'est susceptible ni de confirmation, ni de ratification : car on ne confirme pas, on ne ratifie pas le néant.

Sont-ce bien là les caractères de la nullité qui frappe les actes de l'interdit ? Certainement non, malgré la rédaction de l'art. 502, qui eût pu être meilleure assurément. La nullité qui frappe les actes de l'interdit n'est pas une nullité absolue, mais seulement une nullité relative. Ce principe est écrit en toutes lettres dans l'art. 1125 : Le mineur, l'interdit, la femme mariée ne peuvent attaquer, pour cause d'incapacité, leurs engagements que dans les cas prévus par la loi. *Les personnes capables de s'engager ne peuvent opposer l'incapacité du mineur, de l'interdit, ou de la femme mariée, avec qui elles ont contracté.* Donc, l'incapable seul peut se prévaloir de la nullité introduite en sa faveur. Donc, c'est une nullité relative, *ab uno latere.*

Or, la différence est grande entre ces deux situations : l'acte nul absolument, nous l'avons dit, c'est un acte inexistant en droit, c'est un acte *mort-né*; l'acte nul relativement a, au contraire, une existence juridique ; il est né viable; seulement il est affecté d'un vice dont il pourra mourir: oui, mais dont aussi il pourra guérir; car il peut être confirmé par une ratification; et même, si celui entre les mains duquel est le sort de l'acte garde le silence, l'acte guérira de lui-même et par la seule action du temps : au bout de quelques années, il sera devenu inattaquable; et, pour revenir au langage juridique, je termine en caractérisant la différence entre ces deux actes par un seul mot : l'un est *nul*, l'autre est *annulable*.

Eh bien ! donc, c'est dans la classe des actes simplement annulables que rentrent les actes passés par l'interdit postérieurement au jugement d'interdiction : la nullité qui les frappe est une nullité relative.

§ 3.

Justification du principe de l'art. 1125.

On peut se demander quel est le fondement philosophique de cette décision législative ; car enfin, c'est en vertu d'une présomption d'insanité d'esprit que la loi annule les actes de l'interdit, et dès lors ne semble-t-il pas que cette nullité, qui a pour fondement l'absence présumée du consentement, devrait être une nullité absolue ? *furiosi nulla voluntas est,* — Déjà, dans nos observations préliminaires, nous avons fait pressentir la réponse à cette objection : La démence est l'état *habituel*, mais n'est pas l'état *nécessaire* de l'interdit ; cet état peut comporter des inter-

.valles lucides. En présence de cette situation, le législateur pouvait prendre l'un ou l'autre de ces deux partis : ou bien ne rien décider à l'avance, et attendre chacun des actes de l'insensé pour le juger d'après les conditions dans lesquelles il aurait été passé ; c'est le système romain ; — ou bien faire ce qu'il a fait : tirer de l'état habituel de l'insensé une présomption, et, en vertu de cette présomption, annuler d'avance et en droit tous ses actes, sans les apprécier en fait. Mais alors, remarquons-le bien, le fondement de la nullité n'est plus l'insanité d'esprit, mais la *présomption* d'insanité d'esprit ; or, cette présomption étant une création de la loi, il appartenait à la loi d'en déterminer le caractère et les effets, et c'est ce qu'elle a fait en déclarant que la nullité qui en résulte serait simplement relative. Philosophiquement, cette décision se justifie donc très-bien.

Juridiquement, cette inégalité dans la convention n'a rien de contraire aux principes du droit ; car il y a une foule de contrats résolubles par la volonté seule de l'une des parties. Il est vrai que la résolution est alors conventionnelle ; mais, comme le remarque très-bien M. Larombière (art. 1125, n° 4), peu importe à la pureté des principes que ce soit la loi ou la convention qui introduise dans le contrat une cause de rescision purement unilatérale.

Rationnellement, enfin, la disposition de l'art. 1125 se justifie d'elle-même. Car en vertu de quel principe la partie capable, qui a traité avec un incapable, qui, par conséquent, est coupable, souvent de mauvaise foi, toujours d'imprudence, pourrait-elle se prévaloir de l'incapacité de celui-là même avec lequel elle a bien voulu traiter, pour faire tomber un acte qu'elle a consenti, elle, dans la plénitude de son jugement et de sa volonté ?

SECTION II.

ÉTENDUE DU PRINCIPE DE L'ART. 1125.

Voilà le principe de l'art. 1125 posé et justifié.

Nous devons maintenant en déterminer l'étendue.

C'est ce que nous allons essayer de faire en répondant aux deux questions suivantes :

1° L'art. 1125 s'applique-t-il toujours, dans quelque condition d'esprit que l'acte ait été fait ?

2° S'applique-t-il à tous les actes indistinctement ?

§ 1.

L'art. 1125 s'applique-t-il toujours, dans quelque condition d'esprit que l'acte ait été fait ?

D'après un auteur grave, l'art. 1125 serait applicable dans le cas seulement où l'acte n'est attaqué que sur le seul motif de l'interdiction, et la nullité serait, au contraire, absolue s'il était prouvé, en fait, que l'acte a été fait sous l'empire de la démence. Voici d'ailleurs, les propres paroles de Marcadé : « *S'il était constant que l'individu n'avait pas sa raison au moment précis qu'il a fait l'acte, il est clair qu'il serait radicalement nul, non existant, et que, dès lors, à quelque époque qu'on demandât aux tribunaux d'en reconnaître la nullité, cette nullité devrait être proclamée. Ceci n'est pas douteux, puisqu'il en serait ainsi de droit commun, alors même qu'il n'y aurait pas eu d'interdiction* » (1).

J'avoue que la justesse de cette solution est loin de m'apparaître avec le même caractère d'évidence qu'à son auteur, et il me semble, au contraire, qu'elle n'est fondée que sur une mauvaise interprétation de l'art. 502.

D'abord, le texte de l'art. 502 est en opposition manifeste avec cette théorie ; car il est général et absolu, et ne fait aucune distinction : *tous actes passés par l'interdit... seront nuls de droit*. Donc le législateur n'entre pas dans des considérations de fait : il frappe tous les actes de l'interdit quels qu'ils soient, et sans rechercher dans quelles conditions d'esprit ils ont été passés, de la même nullité, et nous avons vu que cette nullité est relative.

Mais enfin, dit-on, l'acte serait nul d'une nullité absolue, s'il n'y avait pas eu d'interdiction : est-il donc possible que l'interdiction ait pour résultat de valider un acte ?

Poser une pareille question, c'est méconnaître le sens et la portée de la présomption légale édictée par l'art. 502. C'est qu'en effet l'interdiction constitue une modification de l'état de la personne ; l'interdit n'est plus un homme ordinaire, soumis au droit commun ; c'est un homme que la loi, à raison de certains phénomènes particuliers, a rangé dans une classe particulière, un homme pour lequel elle a fait une capacité spéciale, et, pour me servir d'une expression vulgaire, mais qui peindra bien ma pensée, c'est un homme avec lequel la loi a fait une sorte de forfait en réglant en droit, *a priori*, et abstraction faite des

(1) Marcadé, t. II, art. 502-II.

faits, sa capacité et la valeur juridique de ses actes. Donc ce n'est pas d'après le droit commun et l'art. 1108 que les actes de l'interdit doivent être appréciés ; c'est d'après sa capacité spéciale, d'après l'art. 502 et les règles particulières de l'interdiction. On reconnaît bien cela quand il s'agit d'actes passés par l'interdit pendant un intervalle lucide ; ces actes là, on les annule, quoique pourtant, en droit commun, ils fussent pleinement valables ; c'est donc que l'interdit est en dehors du droit commun et soumis à un régime à part.

Et c'est précisément pour éviter toutes les contestations de ce genre que la loi a organisé l'interdiction : elle a voulu trancher, au moyen d'une présomption établie à l'avance, toutes les difficultés qui auraient pu s'élever sur le point de savoir si l'interdit avait ou n'avait pas sa raison au moment précis où il a fait l'acte.

Notre conclusion sur cette première question est donc celle-ci : la nullité qui frappe les actes de l'interdit est toujours relative, dans quelque condition d'esprit que l'acte ait été passé (1).

Voici maintenant la deuxième question :

§ 2.

L'article 1125 s'applique-t-il à tous les actes indistinctement ?

Posons d'abord des règles générales :

Il n'y a aucune distinction à faire, quant à l'application de l'art. 1125, entre les actes qui ne sont soumis à aucune

(1) *Sic :* M. Demolombe, *De la Minorité,* t. II, n° 629.

formalité spéciale et les actes pour lesquels la loi exige certaines formalités, tels que la vente des biens du mineur ou de l'interdit : tous ces actes là, faits par l'interdit personnellement, tombent sous l'application de l'art. 1125 : l'article 1311 prouve manifestement que ces actes, nuls en la forme par suite de l'inaccomplissement des formalités protectrices que la loi a exigées, ne sont entachés que d'une nullité relative, puisqu'il permet au mineur de les ratifier. Et, en raison, il est vraiment bien impossible qu'il en soit autrement.

Mais l'art. 1125 ne s'applique pas, bien entendu, aux actes solennels, nuls pour l'inobservation des formes nécessaires à leur existence (l'hypothèque ou la donation) ; dans ce cas, l'acte n'est pas seulement annulable, il est nul dans le sens propre du mot, et nous savons quelles sont les conséquences de la nullité absolue.

L'art. 1125 ne s'applique pas seulement aux *actes de l'interdit*, il s'applique aux jugements : le jugement, nous l'avons dit, n'est qu'un contrat judiciaire , et peu importe à ce point de vue, que l'interdit ait été défendeur ou demandeur : quand il vous a attaqué, vous aviez le droit, sans doute, de refuser le combat avec un adversaire qui pouvait à son gré en anéantir l'effet ; mais si vous l'avez accepté, et qu'un jugement soit intervenu, lui seul pourra en proposer la nullité ; car la loi ne fait aucune distinction entre le cas où c'est la partie capable qui a proposé le contrat à l'incapable et le cas où l'incapable est allé au au devant de celui qui a traité avec lui ; et il n'y avait en effet aucune différence à faire entre les deux hypothèses.

Nous avons maintenant à rechercher d'une manière

6

spéciale, si l'art. 1125 s'applique aux actes suivants :

A. Au compromis ;

B. A la donation entre vifs (*à l'acceptation*) ;

C. A l'acceptation d'une succession ;

D. Au partage.

A. *Le compromis consenti par un interdit est-il nul d'une nullité absolue, ou d'une nullité simplement relative?*

La question s'est présentée relativement à un compromis fait par un mineur avec un majeur, et la Cour de Riom l'a tranchée dans le sens de la nullité absolue (2 juillet 1846). Mais, c'est avec grande raison, selon nous, que cet arrêt a été cassé par la Cour suprême (14 février 1849 ; S. D., 49. I, 367).

Aux termes de l'art. 1125, tout contrat passé par un incapable est entaché d'une nullité relative ; or, le compromis n'est qu'un contrat d'une espèce particulière par lequel les parties s'engagent à soumettre un point litigieux à une juridiction privée de leur choix ; pourquoi donc ce contrat ne serait-il pas, comme tous les autres contrats, soumis au principe de l'art. 1125 ?

L'argument principal qui paraît se dégager des considérants quelque peu obscurs de l'arrêt de la Cour de Riom est celui-ci : Les juridictions tiennent à l'ordre public ; donc la nullité est ici d'ordre public.

Je réponds, d'abord, que l'on confond deux choses très-distinctes : les juridictions ordinaires, qui agissent par délégation de la puissance souveraine, et les juridictions volontaires, qui émanent de la convention des parties ; l'arbitrage est une juridiction volontaire, créée par la seule convention des parties, et qui dès lors ne tient pas nécessairement à l'ordre public. Il est bien vrai que l'art. 1004 du Code du procédure défend de compro-mettre *sur aucune des contestations qui seraient sujettes à communication au ministère public* ; — mais précisément, parmi les contestations sujettes à communication au ministère public, la loi elle-même distingue très-explicitement, dans l'art. 83 du même Code, *celles qui concernent l'ordre public des causes des mineurs, et généralement de toutes celles où l'une des parties est représentée par un curateur*. Le compromis passé sur les premières serait nul d'une nullité absolue ; le compromis passé sur les secondes est nul d'une nullité relative, parce qu'elle ne concerne que l'intérêt privé de l'incapable (1).

B. *L'acceptation d'une donation entre-vifs, faite par l'incapable lui-même, et spécialement par l'interdit, entraîne-t-elle une nullité absolue ou une nullité relative ?*

La question n'est pas nouvelle ; et, à ce propos, Ricard écrivait jadis que, « *ayant été curieux de savoir quels* « *étaient les sentiments du Palais sur cette question, il les* « *avait trouvés fort divisés, et, quoique les plus solides soient* « *d'avis de la nullité de la donation, il pourrait bien arri-* « *ver, si la question se présentait à juger par la pluralité* « *des suffrages, que la balance serait emportée de l'autre* « *côté.* »

(1) *Sic :* M. Demolombe, *Du Mariage*, t. II, n° 349. — M. Larombière, art. 1125, n° 6.

L'art. 7 de l'ordonnance de 1731, qui visait cette question, fut positivement expliqué par le rédacteur même de ce monument législatif, le chancelier d'Aguesseau, dans le sens de la nullité absolue (1). Aussi, Ricard, Furgole, qui s'était rallié à cette opinion après l'avoir d'abord combattue, Boutaric, Damours, Rousseau de La Combe, déclaraient-ils la donation radicalement nulle.

Toutefois, d'autres jurisconsultes, notamment Prévost de La Janès, Lebrun, Bourgon, Bergier, et surtout Pothier, tenaient pour la nullité relative (2).

La controverse n'est pas moins vive sous notre droit actuel. D'après une opinion très-autorisée, notre législation aurait consacré la doctrine de Pothier, et la nullité résultant de l'acceptation par un incapable ne serait qu'une nullité relative (3).

Quelque imposante que soit cette opinion, je ne saurais m'y rallier, et je crois, au contraire, que la nullité qui résulte de l'acceptation faite par un incapable est une nullité absolue.

La doctrine que je vais combattre n'a rien à prouver : elle invoque l'application de la règle générale. C'est donc

(1) D'Aguesseau, lettre du 25 juin 1731, t. IX de ses OEuvres, p. 360.

(2) Pothier, *Traité des Obligations*, n° 52. — *Introduction au titre XI de la coutume d'Orléans*, n° 31. — *Traité des Donations*, sect. 2, art. 58.

(3) *Sic* : Toullier. t. V, n° 193. — Duranton, t. VIII, n° 437, — Marcadé, art. 935- V. — M. Demolombe, *Donations et testaments*, t. III, n° 219. — M. Valette, sur Proudhon, t. II, p. 479. — Guilhon, t. I, n° 401 et 518. — Mourlon, *Répétit. et écrites*, t. II, p. 485. — Saintespès-Lescot, t. III, n° 660. — Larombière, art. 1125, n° 5. — Nancy, 4 février 1839 ; S. D., 39-II-459. — Alger, 31 juillet 1854 ; S. D., 54-II-748.

à nous de prouver qu'il y a exception à cette règle en matière de donation.

Or cela nous paraît facile :

Posons d'abord un principe incontestable : la donation est un contrat solennel ; c'est même, sous notre droit actuel, le contrat solennel par excellence, si bien que l'on s'étonne de rencontrer encore dans nos lois cette rigueur qui rappelle tout à fait le formalisme du vieux droit romain ; mais la question n'est pas là : *statuit lex*. J'ajoute que l'acceptation fait partie des *formes* de la donation, et qu'elle en est même la principale solennité ; il n'y a, pour s'en convaincre, qu'à lire l'art. 932 : **La donation entre-vifs n'engagera le donateur et ne produira aucun effet que du jour qu'elle aura** été *acceptée en termes exprès.*

Posons ensuite un second principe non moins incontestable : dans un contrat solennel, et particulièrement dans la donation, tout vice de forme entraine une nullité absolue. L'art. 1339 ne laisse à cet égard aucun doute : « *Le donateur ne peut réparer par aucun acte confirmatif les vices d'une donation entre-vifs ; nulle en la forme, il faut qu'elle soit refaite en la forme légale.* » Partons donc de ce point, que tout vice de forme, dans une donation entre-vifs, entraine une nullité absolue.

Il ne me reste plus qu'à démontrer un seul point, à savoir que l'incapacité de la personne qui accepte engendre, en matière de donation, un vice de forme. Là est le nœud de la question. Pour le démontrer, j'invoque les principes et les textes :

1° Il est de principe que les actes pour lesquels la loi exige une *solennité exacte* requièrent par cela même *l'habileté* dans toutes les personnes qui y figurent, pour me servir des expressions de Ricard. Qu'on ne dise pas que ce principe repose sur une simple affirmation : il résulte de la nature même des choses; car enfin l'acceptation faite par un incapable est nulle : ceci n'est pas contestable, et Marcadé le reconnait lui-même. « Mais, dit-il, « il s'agit de savoir quelle est la nature de cette nullité. « On fait un tour de force pour transformer en question « de *forme* ce qui n'est qu'une question de *capacité* (1). » — Mais il me semble qu'il n'y a là aucune espèce de tour de force, et que la chose est très-simple. Sans doute, la question de savoir si une personne peut ou ne peut pas accepter elle-même est, en soi, une question de capacité ; mais ce que la doctrine contraire ne veut pas comprendre, c'est que la question de capacité, en cette matière, se lie d'une manière indissoluble à la question de forme et la domine ; la capacité faisant défaut, les formalités requises ne sont pas remplies comme la loi l'a exigé; elles ne sont pas remplies par les personnes par lesquelles la loi a exigé qu'elles le fussent : et, dès lors, il y a nullité, et nullité absolue, parce que, je le répète, le défaut de *capacité* engendre le défaut de *forme*.

2° Ce principe, d'ailleurs, est consacré par les textes.

La preuve en est dans les art. 934, 935, 936 et 937 eux-mêmes. Je ne veux pas argumenter de ce que ces articles sont placés sous la rubrique *De la forme des donations entre-vifs* ; je reconnais que l'argument n'est pas concluant, puisque sous cette rubrique, se trouvent

____

(1) Marcadé, t. III, art. 935-V.

également d'autres articles qui ne résolvent pas des questions de forme. Mais j'argumente de la présence même des articles précités dans ce titre : pourquoi donc rappeler ici spécialement ces diverses incapacités, si elles ne devaient pas avoir en cette matière un effet tout spécial ? Si la doctrine que je combats est fondée, ces articles n'ont absolument pas de raison d'être. Voilà mon premier argument, et je n'y ai vu nulle part de réponse satisfaisante.

La preuve en est encore dans l'art. 938 ; cet article, venant *immédiatement* après nos art. 934, 935, 936 et 937, qui déterminent les personnes qui devront accepter pour l'incapable, ajoute : *La donation dûment acceptée sera parfaite par le seul consentement des parties*.........
Dûment acceptée, c'est-à-dire bien évidemment acceptée par les incapables autorisés ou par leurs représentants, acceptée *conformément aux articles qui précèdent* : il ne peut y avoir doute sur le sens de ces mots. Donc la donation acceptée par l'incapable lui-même n'est pas *dûment acceptée* ; par conséquent, elle n'est pas *parfaite*, et, par conséquent encore, elle est nulle.

Il me semble que l'on peut tirer encore, dans l'intérêt de la doctrine que je défends, un argument très-puissant de l'art. 933. Si, en effet, les prescriptions de cet article, relatives à la procuration à l'effet d'accepter une donation, n'ont pas été rigoureusement accomplies, la donation sera nulle d'une nullité absolue. Pourquoi cela ? parce que le mandataire n'avait pas le pouvoir requis pour accepter, parce que la donation n'a pas été *dûment acceptée* : ce qui prouve bien qu'il faut chez l'acceptant la capacité pleine et entière, telle que la loi l'a rigoureusement exigée, et que, cette capacité cessant, la donation est nulle en la forme.

On insiste : la constitution d'hypothèque est aussi un acte solennel, et pourtant personne ne doute que l'hypothèque qu'un incapable se ferait consentir par son débiteur capable ne fût parfaitement valable. — Assurément ; mais je ne vois pas ce que l'on peut en conclure. Grande est la différence entre la donation et la constitution d'hypothèque : la constitution d'hypothèque est un acte solennel, en ce sens seulement qu'elle doit être faite par acte public. Mais où trouve-t-on donc, en matière d'hypothèque, un texte qui ressemble à l'art. 932, un texte qui fasse de *l'acceptation en termes exprès* une partie intégrante des formes et des solennités du contrat ? Encore une fois, ce n'est pas pour défaut de capacité que nous annulons la donation ; c'est pour vice de forme résultant du défaut de capacité.

3° Cette solution, qui nous paraît écrite dans les textes, est bien celle que le législateur a entendu consacrer. Sa préoccupation constante en matière de donation, c'est la stabilité, l'irrévocabilité du contrat. On répond que ce principe concerne surtout le donateur, et que c'est pour lui qu'est faite la maxime : *Donner et retenir ne vaut.* — Je le veux bien ; mais pourtant, il me paraît certain que ce principe n'est pas non plus tout à fait étranger au donataire : cela résulte d'abord de l'art. 933, dans lequel on voit que la loi a voulu que la donation fût acceptée par le donataire en personne ou par son fondé de procuration spéciale et authentique, non par le simple porte-fort ; cela résulte surtout des déclarations très-formelles des législateurs eux-mêmes ; on ne saurait, en effet, être plus explicite que le tribun Jaubert dans son rapport au Tribunat : « *L'acceptation qui ne lierait pas le donataire ne saurait engager le donateur...* »

Cet argument, tiré des travaux préparatoires, est si puissant, qu'il a suffi pour entraîner MM. Aubry et Rau dans la doctrine que nous défendons.

4° J'ajoute enfin, suivant la remarque de Demante, que la nullité absolue peut seule sanctionner efficacement les règles que le législateur a prescrites, dans un intérêt de morale publique, pour l'acceptation à faire par les incapables ou en leur nom ; car la nullité relative, qui, dans les cas ordinaires, forme une sanction suffisante, serait ici presque illusoire, puisque l'action ne compéterait qu'à ceux qui n'ont point, en général, d'intérêt à l'intenter.

Et maintenant, quelles objections nous oppose-t-on encore ?

Nos articles, dit-on, ne sont que la reproduction et l'application des art. 217 et 463 : or, le rappel d'une règle ne peut en changer ni la nature, ni la sanction.

Mais d'abord, et pour ne m'occuper que du mineur, et et par cela même de l'interdit, est-il bien certain que la disposition de l'art. 463 ne soit pas elle-même absolument irritante ? Je ne discute pas la question ; je n'en ai pas besoin : je constate seulement que l'un des partisans même de la doctrine que je combats (1) professe que l'acceptation faite par le tuteur sans l'autorisation du conseil de famille est radicalement nulle.

(1) Duranton. t. VIII, 1.° 435.

Quoi qu'il en soit, je réponds à l'objection :

1° Pourquoi rappeler une règle générale dans un titre spécial, si elle ne devait pas avoir en cette matière un effet spécial aussi.

2° N'avons-nous pas d'ailleurs démontré, par les principes et par les textes, qu'il en est ainsi ?

On a dit encore : mais où serait le motif de cette dérogation à la règle générale en matière de donation ? Le motif ? nous l'avons dit, c'est la stabilité du contrat que les législateurs ont voulue à tout prix; le motif ? on pourrait le trouver encore dans la remarque de Demante, que nous avons rappelée. Et, si cela ne suffit pas, je répondrai en demandant où est le motif pour lequel l'acceptation d'une donation doit avoir lieu *en termes exprès*; en sorte que, si cette condition fait défaut, lors même qu'il serait, en fait, parfaitement démontré que le donataire a eu la ferme volonté d'accepter, la donation sera radicalement nulle. Contentons-nous de la raison que donnait jadis à son mari la dame romaine dont parle le poëte :

> Sic volo, sic jubeo ; sit pro ratione voluntas.

Peut-être trouvera-t-on qu'elle n'est pas plus satisfaisante dans la bouche du législateur ; mais on ne saurait nier qu'elle soit plus décisive.

Notre conclusion sera donc celle-ci : la nullité résultant de l'acceptation d'une donation entre-vifs faite par un incapable, et spécialement par l'interdit en personne, est une nullité absolue (1).

---

(1) *Sic* : Merlin *Répert.*, v° DONATIONS, sect. IV, n° 4 ; v° MINEUR, § 7, n°° 1 et 2. — Malleville, art. 463. — Delvincourt, t. II, p. 69. — Coin-

Quant à la disposition par donation entre-vifs, nous nous réservons de prouver qu'elle ne tombe pas sous l'application de l'art. 502 ; d'où il suit qu'elle est de. deux choses l'une : ou pleinement valable, ou absolument nulle.

C. *L'acceptation d'une succession faite par un interdit est-elle entachée d'une nullité relative ou d'une nullité absolue.*

Ici encore nous pensons, mais par des motifs différents, que la nullité est absolue ; et, à vrai dire, il nous est difficile de comprendre l'application du principe de l'art. 1125 au cas qui nous occupe. Quand on dit que la nullité est relative, on suppose un contrat ou une sorte de contrat, on suppose plusieurs personnes en présence, dont l'une peut se prévaloir de la nullité, tandis que l'autre ne le peut pas, et c'est à cause de cela qu'on dit que le contrat est boiteux : *claudicat contractus.* L'acceptation d'une succession est un acte purement unilatéral ; si cet acte n'est pas valablement fait, il est absolument nul.

Ces principes sont conformes à la raison et à l'équité : la disposition de l'art. 1125 se justifie parce que les tiers sont en faute : ici, ils sont restés complétement étrangers à l'acte ; on ne peut rien leur reprocher ; pourquoi seraient-ils à la discrétion de l'incapable ? Pourquoi seraient-ils

Delisle, art. 935-20. — Proudhon, t. I, p. 475. — Poujol, art. 934, n° 4. — Demante, t. IV, n° 73 *bis.* —Grenier, t. I, n° 61, et Bayle Mouillard, n° 61 *bis,* note *d.* — Duvergier, sur Toullier, t. III, n° 193, note *a.* — Troplong, *Donations et Testaments,* t. III, n°ˢ 1118, 1126. — Zachariæ, Aubry et Rau, t. V, p. 461. —Massé et Vergé, t. III, p. 60. — Dalloz, *Répert.,* v° DISPOSITIONS ENTRE-VIFS, n° 1479. —Riom, 14 août 1829 ; S. D., 30-11-30. — Toulouse, 27 janvier 1830; S. D., 30-11-242. — Limoges, 15 avril 1836 ; S. D., 36-11-241. — Grenoble, 14 juillet 1836.

obligés de respecter un acte, auquel ils n'ont pas participé, qui les intéresse cependant au plus haut point, et dont le sort restera entre les mains de l'interdit qui l'a fait. Il ne se peut pas que la position des tiers demeure ainsi en suspens : la raison, l'équité, l'intérêt public exigent qu'ils puissent, quand ils sont intéressés, dépouiller l'incapable d'une qualité qu'il n'a pas revètue dans la forme légale, et dont il pourrait le lendemain se dépouiller lui-même.

Le texte de l'art. 1125 est conforme à cette interprétation : car il suppose un contrat. Nous avons dit nous-même que ce texte ne devait pas être entendu d'une manière trop étroite, et notamment qu'il devait être appliqué aux actions et jugements ; mais il nous parait impossible de l'appliquer à l'acceptation d'une succession. Et c'est bien là aussi ce qui ressort de l'art. 776, au titre *Des successions* : car pourquoi rappeler ici spécialement l'incapacité de la femme mariée, du mineur et de l'interdit, si cette incapacité ne devait pas avoir en cette matière un effet spécial ?

Nous concluons donc que l'acceptation d'une succession faite par un interdit n'est pas soumise au principe de l'art. 1125 et qu'elle est entachée d'une nullité absolue.

Et cette solution est conforme aux précédents historiques : car, en droit romain, l'adition d'hérédité faite par le pupille *sine tutoris auctoritate* était absolument nulle, à la différence des autres actes.

D. Il nous reste une dernière question à résoudre :

L'art. 1125 est-il applicable au partage fait par des majeurs capables avec un incapable, et spécialement un interdit?

Remarquons bien que, d'après les termes mêmes dans lesquels cette question est posée, c'est l'interdit qui est en scène, qui figure en personne au partage, et c'est là aussi le seul cas dont nous ayons à nous occuper ; cette observation est de la plus haute importance.

Ceci posé, il me semble qu'il faut distinguer deux hypothèses :

Ou bien les parties (capables et incapables), n'ont voulu faire qu'un partage provisionnel, un partage de jouissance ;

Ou elles ont entendu faire un partage définitif, un partage de propriété.

1re HYPOTHÈSE. — Dans le premier cas, la solution me paraît simple : le partage a effectivement à l'égard de tous le caractère provisionnel ; mais il est de plus, à l'égard de l'interdit, entaché de nullité ; non-seulement il peut, comme ses cohéritiers, demander un partage définitif, mais il peut, à la différence de ces cohéritiers capables, demander la nullité du partage provisionnel qu'il a consenti. On conçoit que cette demande est toute différente, puisqu'elle tend non-seulement au partage définitif de la propriété, mais encore à la restitution des fruits perçus de part et d'autre en vertu du partage provisionnel. Ces solutions ne me semblent pas avoir besoin de plus amples justifications : il est clair en effet, que l'interdit, incapable de tous les actes de la vie civile pour lesquels la loi lui a donné un représentant, ne peut pas plus valablement consentir un partage provisionnel qu'un partage définitif.

2e HYPOTHÈSE. — Il résulte des faits que les parties (capables et incapables), ont entendu faire un partage définitif. Quel sera le sort de cet acte ?

Une opinion enseigne que, dans ce cas, l'art. 840 est applicable, et que ce partage n'est que provisionnel à l'égard du mineur (1).

De ce principe, on déduit les conséquences suivantes :

1° L'incapable pourra provoquer un partage définitif sans avoir besoin de faire prononcer, conformément à l'art. 1304, la nullité du premier partage, qui n'est à son égard que provisionnel ;

2° Il le pourra à toute époque, tant que ses cohéritiers n'auront pas à lui opposer une prescription acquisitive ;

3° Il ne pourra demander contre ses cohéritiers, pas plus que ses cohéritiers ne pourraient demander contre lui, la mise en commun des fruits qui ont été recueillis par chacun de son côté (2).

Définissons nettement la conclusion de cette théorie : d'après elle, les art. 456 et 840 apporteraient une exception, en matière de partage, à la règle générale d'après laquelle les actes de l'incapable sont nuls, et le partage dans lequel aurait figuré un incapable devrait être considéré, non comme un partage définitif nul, mais comme un partage provisionnel valable.

Je ne saurais, pour mon compte, admettre cette inter-

---

(1) *Sic* : Delvincourt, t. II, p. 48, n° 4. — Toullier, t. II, n° 535. — Chabot, art. 840, n° 5. — M. Demolombe (t. XV), *Des Successions*, t. III, n° 693. — Zachariæ, Aubry et Rau, t. V, p. 253, 255. — Poujol, art. 840, n° 4.

La solution que nous allons donner à la question nous dispense d'examiner celle que pourraient faire naître ces derniers mots « *à l'égard du mineur* » sur le caractère et les effets du partage provisionnel d'après les art. 466 et 840.

(2) M. Demolombe, *Des Successions*, t. III, n°ˢ 693 et 694.

prétation de l'art. 840 ; et je crois tout à fait qu'on l'applique à un cas qu'il ne doit pas régir. Il y a, en effet, deux hypothèses, que cette théorie confond à dessein, et qui me paraissent, au contraire, essentiellement différentes:

1° Celle où le partage est fait avec le représentant de l'incapable, dûment autorisé, mais sans les formalités prescrites par la loi, notamment dans les art. 466, 838 et 839 ;

2° Celle où l'incapable a personnellement figuré au partage.

L'art. 840 vise la première de ces deux hypothèses, mais il ne vise pas la seconde, et je crois, en effet, qu'il lui est complètement inapplicable. J'invoque :

1° Le texte même des art. 840 et 466. En effet, l'art. 840 (il le dit en termes formels) ne s'occupe que des partages faits, *soit par les tuteurs avec l'autorisation d'un conseil de famille, soit par les mineurs émancipés, assistés de leurs curateurs, soit au nom des absents* ; et c'est de ces partages-là qu'il dit : s'ils ont été faits conformément aux règles ci-dessus prescrites, ils sont définitifs ; si les règles prescrites n'ont pas été observées, ils ne sont que provisionnels ; mais il n'est nullement question dans tout cela de partages faits par l'incapable lui-même, et l'art. 466 rend ce point plus évident encore : car il ne s'occupe, d'un bout à l'autre, que des formalités spéciales prescrites par la loi pour que le partage obtienne, à l'égard de l'incapable, tout l'effet qu'il aurait entre majeurs, et c'est en cas de violation de ces formalités qu'il ajoute : *tout autre partage ne sera considéré que comme provisionnel.*

Donc, ces articles (466 et 840) ne sanctionnent pas un défaut de capacité, ils sanctionnent un défaut de formalités.

Si maintenant on observe que l'interprétation que nous repoussons, comme contraire au texte, tend à apporter une exception au principe général de l'art. 1304, notre argument prend, si je ne me trompe, un caractère décisif.

2° Et non-seulement l'art. 840 ne s'applique pas, dans son texte, au partage fait par l'incapable lui-même, mais il ne pouvait pas, selon nous, s'y appliquer. Je ne veux pas insister sur cette conséquence de la doctrine que je combats, à savoir que l'incapable pourra à toute époque (et pourra seul, notons-le bien) demander un partage définitif, ce qui rend exceptionnellement incertain le sort d'un acte que la loi a voulu rendre exceptionnellement ferme et stable (art. 815 et 816). Je ne veux pas non plus insister sur ce qu'il y a de choquant dans cette situation inégale, où les uns seraient, pendant trente ans au moins, à la merci des autres. Mais il y a une autre conséquence de la doctrine contraire, qui en est, selon nous, la condamnation : cette doctrine reconnait (et il le faut bien dans son système) que, si l'incapable provoque un partage nouveau, il ne pourra demander contre ses cohéritiers la mise en commun des fruits perçus de part et d'autre ; ce qui revient à dire que le partage fait par l'interdit, s'il ne vaut pas comme partage définitif, vaut au moins comme partage provisionnel, et qu'il est tenu de le respecter comme tel : or, c'est là ce que je ne saurais admettre ; il me semble que l'interdit n'est pas plus capable pour faire un partage provisionnel que pour faire un partage définitif ; si donc tel était le sens de l'art. 840, il y aurait défaut d'harmonie dans la loi ; mais nous croyons avoir prouvé qu'il n'en est pas ainsi, et que l'art. 840 ne s'applique qu'au cas d'un partage fait avec le représentant de l'incapable, mais sans les formalités spéciales requises par la loi.

Quant au cas où l'incapable lui-même a figuré au partage, il tombe, selon nous, purement et simplement sous l'application de l'art. 1125.

En conséquence, nous pensons :

1° Que l'incapable, et spécialement l'interdit, ne pourra demander un nouveau partage qu'après avoir fait prononcer l'annulation du premier ;

2° Qu'il devra agir à cet effet dans les dix ans, à dater du jour où son incapacité aura cessé, conformément à l'art. 1304 ;

3° Que, l'annulation prononcée, il y aura lieu à remettre tous les fruits à la masse (1).

De tout ce que nous venons de dire, il résulte qu'en dehors des exceptions que nous avons signalées, le principe général de l'art. 1125 reprend son empire, et que la nullité qui frappe les actes passés par l'interdit n'est qu'une nullité relative, malgré les termes de l'art. 502.

---

(1) *Sic :* Duranton ,t. VII, n° 179. — Larombière, art. 1125, n° 7, dont je n'admets pas toutefois la doctrine tout entière. — Cassation, 24 juin 1839 ; S. D., 39-1-615. — Cassation, 9 mars 1840 ; S. D., 46-1-451.

§ 3.

Explication des mots « nuls de droit » dans l'art. 502.

Est-ce à dire que ces mots *nuls de droit* ne comportent aucun sens, et qu'ils ne soient qu'une de ces redondances sans objet, comme on en trouve si souvent dans nos textes ? Non, et ces mots renferment en eux une conséquence importante : c'est que la nullité dérive ici d'une cause inhérente à l'acte lui-même, et qui n'est subordonnée à aucune condition extrinsèque de lésion ou autre. Le mineur, lui, n'est restituable contre ses engagements qu'autant qu'il a été lésé (je sais que ce point est l'objet d'une vive controverse ; mais l'opinion que j'émets ici, et qui est d'ailleurs l'opinion générale, me paraît incontestablement établie, tant par les traditions de notre ancien droit que par les travaux préparatoires du Code civil, et surtout par le texte même de l'art. 1305 et la place qu'il occupe au milieu d'articles qui, tous, mettent le mineur personnellement en scène). Eh bien ! à la différence des actes passés par le mineur, qui ne sont annulables que pour cause de lésion, les actes de l'interdit sont annulables pour cause d'incapacité ; l'interdiction est à elle seule le principe et la cause efficiente de la nullité. Si ce point avait besoin d'être prouvé, nous n'aurions qu'à citer l'art. 502, texte absolu, et qui ne subordonne à aucune condition de lésion, la nullité des actes passés par l'interdit, et l'art. 1305, qui, traitant de la rescision pour lésion, ne parle que du mineur et point de l'interdit.

Et cette différence dans les textes s'explique d'ailleurs très-bien philosophiquement : le principe des deux incapacités n'est pas le même ; et, tandis que la minorité ne suppose, en général, que l'inexpérience de l'âge, l'interdiction repose sur une présomption légale d'insanité d'esprit. On comprend dès lors qu'elle se suffise à elle-même et qu'elle n'ait pas besoin d'éléments étrangers pour produire la nullité. Voilà l'explication de ces mots : *nuls de droit* de l'art. 502 (1) :

Ces expressions peuvent recevoir encore une autre interprétation : elles peuvent avoir pour objet d'indiquer, comme le font très-justement remarquer MM. Aubry et Rau (2), que l'acte passé par un interdit doit être annulé, d'après le seul rapprochement de sa date avec celle du jugement d'interdiction, sans que le défendeur puisse être admis à prouver qu'il a été consenti dans un intervalle lucide. Nous avons, en effet, déjà indiqué, et nous reviendrons d'ailleurs sur ce point, que la présomption légale de l'art. 502 est permanente et absolue quant aux actes auxquels elle s'applique.

J'ai présenté ces deux explications des mots *nuls de droit* de l'art. 502, parce qu'elles expriment l'une et l'autre un principe incontestable, et qu'elles me paraissent également plausibles. Rien n'empêche donc de les réunir (3).

(1) M. Demolombe, *De la minorité*, t. II, n° 627.
(2) MM. Aubry et Rau, sur Zachariæ, t. 1, 125, note 2.
(3) Demante, t. II. n° 274 *bis*, 1.

SECTION III.

CONSÉQUENCES DU PRINCIPE DE L'ARTICLE 1125.

Nous avons posé le principe ; nous en avons déterminé l'étendue ; il nous reste à en déduire les conséquences. Or, dire qu'une nullité est relative, c'est exprimer d'un mot les trois propositions suivantes:

1° Qu'elle ne peut être proposée que par certaines personnes, par celles dans l'intérêt desquelles elle a été introduite ;

2° Qu'elle ne peut l'être que pendant un certain temps ;

3° Qu'elle peut être confirmée par une ratification postérieure.

C'est, on le voit, le contre-pied du triple caractère que nous avons reconnu dans la nullité absolue.

Notre division se trouve par là toute tracée ; nous répondrons successivement aux questions suivantes :

1° Par qui et contre qui la nullité peut-elle être proposée ?

2° Pendant combien de temps ?

3° Comment peut-elle être couverte ?

4° Quels sont les effets de la nullité prononcée ?

Bien entendu, il n'entre pas dans notre pensée de faire ici la théorie complète des actions en nullité ou en rescisions ; cependant, ayant à traiter *Des actes de l'interdit postérieurs au jugement d'interdiction*, nous ne saurions non plus passer sous silence ce qui concerne l'action en nullité que la loi a créée contre ces actes. Seulement, nous nous efforcerons de restreindre nos explications à la mesure strictement nécessaire pour fournir sur ce sujet une théorie complète,

§ 1.

Par qui et contre qui la nullité peut-elle être proposée ?

Cette question même suppose que la nullité doit être proposée ; c'est la conséquence de ce que nous avons reconnu, à savoir que l'acte a une existence juridique, et qu'il n'est pas *nul*, mais *annulable*. Par qui cette nullité pourra-t-elle être proposée ?

Nous avons dit que le droit de proposer une nullité relative appartient à ceux dans l'intérêt desquels cette nullité a été introduite : dans notre espèce, à l'interdit (art. 1125).

D'où la conséquence qu'elle pourra être proposée, durant l'interdiction, par le tuteur de l'interdit, qui est son mandataire légal, son représentant dans tous les actes de la vie civile (art. 509 et 450) ; cessant l'interdiction, par l'ex-interdit lui-même ou par ses représentants.

Elle pourra l'être aussi par les créanciers de l'interdit, par application de l'art. 1166. Il est vrai que ce point a été et est encore contesté ; on a soutenu que le droit de proposer la nullité était un droit exclusivement attaché à la personne de l'incapable, qui ne pouvait pas être exercé par ses créanciers (1) . Toullier, qui avait défendu cette théorie, s'est rétracté dans sa dernière édition; nous pensons qu'il a bien fait, car sa première opinion nous paraît tout à fait inacceptable.

Les créanciers peuvent exercer tous les droits de leur débiteur, à l'exception de ceux qui sont *exclusivement attachés à la personne* (art. 1166) ; or, le droit de proposer la nullité n'est pas un droit exclusivement attaché à la personne de l'incapable ; ce qui le prouve, c'est qu'il est transmissible et même cessible ; donc ce droit, qui n'est pas dans l'exception, reste sous l'empire de la régle, et peut être exercé par les créanciers de celui auquel il appartient :

1° 'Lart. 225, que l'on a invoqué, ne prouve rien ; car, d'une part, cet article a uniquement pour but d'indiquer que celui qui a contracté avec la femme ne pourra pas, lui, proposer la nullité, et, d'autre part, il n'était pas besoin que le texte accordât ce droit aux créanciers ; ils l'ont de droit commun, et il suffit qu'il ne leur soit pas enlevé.

2° Les art. 2012 et 2036, en déclarant l'exception de nullité *purement personnelle* à l'obligé, ne prouvent pas davantage. Grande est la différence, en effet, entre un droit *purement personnel*, et un droit *exclusivement attaché à la personne*. L'action ou l'exception de nullité est *purement personnelle*, d'après l'art. 2012, en ce sens qu'elle n'est pas *réelle*, qu'elle a son principe dans la

____

(1) Touiller, t. VII, nᵒˢ 564 et suiv.

personne de l'incapable, et qu'elle n'est pas inhérente à la dette elle-même (l. 7, D., *De except.* ; l. 68, D., *De regulis juris*) ; mais il ne s'ensuit nullement qu'elle soit *exclusivement attachée à la personne.*

Et maintenant, que l'art. 2036 ne permette pas à la caution, qui, très-probablement, a cautionné dans le but précisément de garantir le créancier contre les conséquences de l'incapacité de l'obligé principal, qu'il ne lui permette pas, dis-je, de se prévaloir de cette incapacité même, cela se conçoit parfaitement : mais cela ne prouve absolument rien quant aux créanciers personnels de l'incapable.

Ce n'est pas là d'ailleurs une exception à notre règle, ce n'en est qu'une application ; car c'est du chef et au nom de leur débiteur que les créanciers agissent (1).

Nous terminerons donc, comme nous avons commencé : la nullité ne peut être proposée que par l'incapable ou ses représentants.

Mais la partie capable qui a traité avec l'interdit ne peut jamais, elle, se prévaloir de son incapacité pour demander la nullité du contrat : nous avons suffisamment justifié ailleurs ce principe pour n'avoir pas à y revenir.

Remarquons toutefois que, s'il appartient à l'interdit

---

(1) *Sic :* Merlin, *Quest. de droit,* t. III, v° HYPOTHÈQUE, § 4, n°ˢ 4-5. — Duranton, t. II, n° 512 ; t. X, n° 561. — Proudhon, *Usuf.,* t. V, n° 2347. — Zachariæ, Aubry et Rau, t. IV, p. 142. — Massé et Vergé, t. I, p. 243, n° 65. — Demolombe, *Du mariage,* t. II, n° 342. — Larombière, art. 1166, n° 15. — Dalloz, *Répert.,* v° OBLIGATIONS, n° 2890. — Bastia, 26 mai 1834. — Cassation, 10 mai 1853 ; S. D., 53-1-572. — Cassation 17 août 1853 ; S. D., 55-1-811.

seul de proposer la nullité des actes par lui passés, il ne lui appartiendrait pas, lorsque, sur sa demande, un jugement a prononcé l'annulation, de renoncer au bénéfice de ce jugement et d'opter pour la convention annulée. Il est vrai que le droit romain contenait une disposition formelle en ce sens, en cas de minorité (l. 41, D., *De minoribus*) ; mais cette décision ne saurait être suivie aujourd'hui. Le jugement sur une action en nullité n'a pas du tout le même caractère que la sentence du préteur, ordonnant la *restitutio in integrum*. Le jugement lie les parties, comme les lierait un contrat : *In judiciis contrahimus*. La maxime « *Unicuique licet his quæ pro se introducta sunt renuntiare* » n'a ici aucune application possible ; le jugement proclame la vérité juridique, et, s'il est nécessairement favorable à celles des deux parties dont la prétention est reconnue fondée, on ne peut pas dire pour cela qu'il soit *introduit en sa faveur*. Donc le jugement rendu appartient à tous, et ni l'une ni l'autre des parties ne peuvent se soustraire aux obligations qu'il impose (1).

Contre qui l'action en nullité peut-elle être intentée ? D'abord, tout naturellement, contre la partie capable qui a figuré au contrat ou contre ses représentants. De plus, si l'obligation avait pour objet un corps certain, l'action en revendication peut-être intentée contre les successeurs à titre particulier qui auraient acquis des droits sur cette chose, par exemple contre l'acquéreur ou le donataire : c'est l'application de ce principe de droit et de raison que

____

(1) M. Larombière, art. 1125, n° 12.

l'on ne peut transmettre à autrui plus de droits qu'on n'en a soi-même ; la partie qui a traité avec l'incapable n'avait qu'un droit annulable, elle n'a pu transmettre qu'un droit annulable : *Resoluto jure dantis, resolvitur jus accipientis* (1).

De ce que nous venons de dire, il résulte que l'action en nullité a un double caractère : elle est personnelle, en ce sens qu'elle tend à la dissolution de l'obligation contractée par l'incapable ; elle est réelle, en ce sens qu'elle tend à la revendication de la chose, objet de cette obligation. D'où la conséquence qu'elle peut être portée, soit devant le juge de la situation du bien, soit devant le juge du domicile du défendeur (art. 59 C. de proc.).

§ 2.

Pendant combien de temps la nullité peut-elle être proposée ?

L'art. 1304 répond à cette question. L'action en nullité dure dix ans, ou plus exactement se prescrit par dix ans. ..... « *Ce temps ne court, à l'égard des actes faits par les interdits, que du jour où l'interdiction est levée.* » Nous avons dit déjà que le tuteur, mandataire légal de l'interdit, pouvait toujours proposer la nullité des actes par lui passés, et, sous ce rapport, l'action peut durer

______

(1) Toullier, t. VII, n°° 549-550. — Duranton, t. XII, n° 564 et suiv. — M. Larombière, art. 1304, n° 14. — Dalloz. *Repert.*, v° Obligations, n° 2980.

beaucoup plus de dix ans ; mais ce que la loi veut dire, c'est que l'action se prescrit par dix ans, à compter de la cessation de l'interdiction : je dis de la *cessation*, car il se peut que l'interdiction ne soit jamais levée, mais qu'elle cesse par la mort de celui qui y était soumis.

Si la prescription ne court que du jour de la cessation de l'interdiction, elle court de ce jour-là, et indépendamment de toute condition de signification ou autre ; car l'art. 1304 ne soumet à aucune condition de ce genre le point de départ du délai (1).

Or, il se peut très-bien que l'interdit n'ait pas gardé souvenir des actes faits par lui sous l'empire de la démence ; il se peut surtout que ses héritiers n'en aient jamais eu connaissance. Aussi j'aime bien mieux la disposition suivante de la loi du 30 juin 1838 :

Les dix ans de l'action en nullité courront, à l'égard de la personne retenue (dans un établissement d'aliénés) *qui aura souscrit les actes, à dater de la signification qui lui en aura été faite ou de la connaissance qu'elle en aura eue après sa sortie définitive de la maison d'aliénés ; et à l'égard de ses héritiers, à dater de la signification qui leur en aura été faite ou de la connaissance qu'ils en auraient eue depuis la mort de leur auteur* (loi du 30 juin 1838, art. 39).

Cette disposition est assurément beaucoup meilleure ; malheureusement, elle ne s'applique pas aux interdits, et il en résulte, comme le remarque très-bien M. Valette,

---

(1) Marcadé soutient l'opinion contraire (art. 1304, II et III): nous réfutons plus loin cette opinion, p. 125 et 126.

cette singularité que la personne non interdite, mais retenue dans un établissement d'aliénés, jouit ainsi, pour attaquer ses actes, d'un délai plus long que l'interdit.

Mais il se peut qu'un interdit ait été placé dans une maison d'aliénés, et alors se pose la question de savoir si les actes qu'il y aura souscrits seront régis par l'art. 1304, ou par l'art. 39 de la du 1838. C'est à ce dernier parti que se range M. Demolombe (1). Je comprends très-bien cette solution ; je comprends que l'on ait peine à admettre que la signification exigée par l'art. 39 ne soit pas nécessaire à l'égard de l'interdit, et cela pourquoi ? précisément parce qu'il est interdit, c'est-à-dire précisément parce que son aliénation mentale aura été judiciairement constatée ! Je le comprends, dis-je ; mais le texte me paraît formel : d'une part, en effet, l'art. 1304 s'applique à tous les interdits sans distinction ; d'autre part, il est très-certain que la loi de 1838 n'a eu en vue, dans ses dispositions, que les individus atteints d'aliénation mentale, mais non interdits. Je n'ai pas besoin d'aller loin pour en trouver la preuve ; elle est écrite dans l'art. 39 lui-même : « Les actes faits par une personne placée dans un établissement d'aliénés, pendant le temps qu'elle y aura été retenue, *sans que son interdiction ait été prononcée ni provoquée*, pourront être attaqués…, etc. » C'est formel ; donc la disposition ne s'applique pas aux inter-

(1) M. Demolombe, *De la Minorité*, t. II, n° 860.

dits. S'il y a une lacune dans la loi, il n'appartient qu'au législateur de la combler (1).

Le délai de dix ans de l'art. 1304 est une prescription ordinaire, soumise aux causes d'interruption (art. 2242 et suiv.) et de suspension (art. 2251 et suiv.) de droit commun. Toutefois, ce point a été contesté, et l'on a soutenu que l'art. 1304 déterminait un délai préfix et invariable (2).

Cette doctrine me paraît tout à fait inadmissible. Le plus sérieux argument que l'on ait invoqué pour la soutenir, consiste à dire que la loi a voulu réduire à un bref délai la durée, souvent trop longue autrefois, de l'action en annulation ; d'où il suit que ce délai ne saurait être prolongé. — Mais, d'une part, la loi elle-même ne veut pas qu'il commence à courir tant que dure l'incapacité ; d'où il faut conclure, *a fortiori*, qu'il ne doit pas continuer à courir pendant cet état ; car l'incapable a (le plus souvent du moins), la connaissance de l'acte qu'il a fait lui-même, tandis qu'il peut très-bien ignorer l'acte fait par son auteur. D'autre part, Marcadé a très-bien répondu que, si le Code a voulu réduire la durée de l'action, son but n'est pas manqué ; car les mêmes causes, qui suspendraient le cours d'une prescription de trente ans, suspendront le cours d'une prescription de dix ans ; de sorte que, en définitive, le délai sera toujours trois fois moindre.

(1) *Sic* : MM. Aubry et Rau (quatrième édit.), t. I, p. 538 texte et note 43. — M. Larombière, art. 1304, n° 25.— Dalloz, *Répert.* v° OBLIGATIONS, n° 2958.

(2) *Sic* : Toullier, t. VII, n° 715. — Duranton, t. XII, n° 548. — Massé et Vergé, sur Zachariæ, t. III, p. 479 et 480.— Angers , 22 mai 1834; S. D., 34-II-337.

Quant à l'art. 2264, aux termes duquel « *les règles de
la prescription sur d'autres objets que ceux mentionnés
dans le présent titre sont expliquées dans les titres qui
leur sont propres* », il signifie bien que l'on devra suivre
les règles spéciales édictées par la loi pour certaines prescriptions spéciales, notamment quant à la durée requise
pour prescrire (l'art. 2264 est placé dans le chapitre qui
détermine *le temps requis pour prescrire*). Mais il ne
s'ensuit nullement que ces prescriptions ne soient pas sous
tous les autres rapports, soumises aux règles du droit
commun.

Et, en effet, quand le législateur veut déroger aux principes généraux sur la prescription, il s'en explique catégoriquement (comp. art. 1663 et 1676). J'ajoute que, la
prescription de l'art. 1304 étant basée sur une idée de
ratification tacite, il est nécessaire qu'à chaque instant
de cette prescription la partie contre laquelle elle court
soit capable de ratifier.

Nous pensons donc que le délai de l'art. 1304 est une
prescription ordinaire, soumise aux règles générales sur
la prescription (1).

Pour terminer ce qui concerne le délai de la prescription, nous voulons dire un mot sur la question de savoir si l'ex-interdit ou ses représentants peuvent, même

______

(1) Merlin, *Répert.*, v° RESCISION, n° 5 *bis*. — Delvincourt, art. 1304.
— Vazeille, *Prescription*, t. II, n° 512. — Marcadé, art. 1304, II. — MM.
Massé et Vergé, sur Zachariæ, t. III, p. 480, note 12. — Solon, t. II, n°
493. — M. Larombière, art. 1304, n°˚ 31 et 32. — Dalloz, *Répert.*, v°
OBLIGATIONS, n° 2931 et suiv. — Pau, 11 décembre 1835. — Limoges,
26 mai 1838. — Nîmes, 20 juin 1839. — Orléans, 7 mai 1842. — Cassation, 8 novembre 1843. — Agen, 10 janvier 1851.

après dix ans, proposer par voie d'exception la nullité d'un acte qui leur serait opposé, et dont on demanderait contre eux l'exécution. Je pense, avec la majorité des auteurs, que la nullité peut toujours être proposée par voie d'exception.

Je n'invoque pas la maxime romaine : *Quæ temporalia sunt ad agendum perpetua sunt ad excipiendum* (1). Je reconnais que le motif sur lequel elle était basée n'existe plus aujourd'hui. Mais j'invoque la raison : n'est-il pas logique que la défense puisse se produire partout où se présente l'attaque, et l'adage romain n'est-il pas, sous ce rapport, l'expression de la plus stricte équité ?

On dit : il fallait agir ! — Mais d'abord il est quelquefois prudent de ne pas agir, de ne pas aller au devant d'un procès qui peut-être ne naîtra pas ; j'ai gardé le silence, parce que votre propre inaction m'a autorisé à croire que vous aviez reconnu vous-même la nullité de l'acte que vous m'aviez fait souscrire, à moi incapable. Et puis, — il fallait agir, dites-vous ; — mais ne se peut-il pas que l'interdit n'ait conservé aucun souvenir de l'acte qu'on lui a arraché pendant sa maladie ? Ne se peut-il pas que ses héritiers n'en aient jamais eu connaissance ? Comment alors pouvaient-ils agir ? Voilà, selon moi, l'argument capital contre la doctrine que je combats. Un homme pourra extorquer un acte quelconque à son profit à un insensé, qui n'en gardera probablement, le malheureux, aucun souvenir ; et puis, quand dix ans se seront écoulés après la levée de l'interdiction, cet homme tirera

---

(1) L. 5, § 6, D., *De doli mali et metus except.* — L. 5, C., *De except.*

son acte de l'oubli volontaire dans lequel il l'avait laissé, et dira à l'ex-interdit ou à ses représentants : vous êtes obligé envers moi, obligé sans remède, car le délai de la prescription est accompli : voilà votre acte ! et cet homme trouvera gain de cause devant la justice ! — Non, cela n'est pas possible ; et une théorie qui arrive à ce résultat est par cela même condamnée. Il est vrai que, d'après Marcadé, l'objection que nous formulons ici se réfute d'elle-même, et qu'il y trouve, ou du moins qu'il croit y trouver deux réponses pour une (1). Mais il nous sera facile de prouver qu'elles sont l'une et l'autre inacceptables.

La *première, dit-il, c'est que l'acte d'un homme totalement privé de raison n'est pas annulable, mais évidemment nul et inexistant.*

Or, cette première proposition est la violation manifeste de l'art. 502. Nous avons, en effet, démontré ailleurs que la loi a déterminé à l'avance la capacité ou plutôt l'incapacité de l'interdit ; en sorte que ses actes sont appréciés, non en fait, mais en droit, et frappés tous de la même nullité, d'une nullité relative.

La *seconde, continue le savant auteur, c'est que, même dans le système inconcevable où l'acte d'un fou aurait une existence légale et serait seulement rescindable pendant dix ans, ces dix ans ne pourraient courir que du jour où ce fou, revenu à la raison, aurait eu connaissance de l'acte.*

Or, cette deuxième proposition est une violation non moins manifeste de l'art. 1304, qui loin de subordonner

(1) Marcadé, art. 1304-III.

le point de départ du délai à une pareille condition, le fait courir indistinctement du jour *où l'interdiction est levée.*

Donc, notre objection reste debout, et elle nous paraît décisive.

J'ajoute que nous avons des analogies dans d'autres matières du droit ; ainsi, l'appel principal ne peut être porté que pendant un certain délai ; l'appel incident, toujours (art. 443 C. de proc. ; *Adde* art. 464 C. de proc.).

On oppose :

1° L'ordonnance de Villers-Cotterets de 1539. — Sans doute le texte alors était formel, et c'est ce qui a fait dire à Dumoulin : *In hoc iniqua est constitutio.* Mais l'art. 1304 ne dit rien de semblable, et nous ne pensons pas qu'on puisse induire de son silence une pareille dérogation aux principes généraux.

2° On dit : *Reus excipiendo fit actor.*

Ah ! c'est abuser des mots : oui, il devient *actor,* en ce sens qu'il devra prouver le fait qu'il allègue, l'exception dont il se prévaut ; mais n'allez pas plus loin, et ne dites pas que celui qui se défend par une exception *intente une action en nullité* ; non ! il ne demande pas la nullité de l'acte, il demande seulement à ne pas être condamné à exécuter un acte qui est nul, ce qui est tout différent.

3° On dit enfin : il faut bien que le mot *action* (dans l'art. 1304) comprenne toute demande en annulation, soit principale, soit reconventionnelle ; autrement, il faudrait dire que la nullité proposée reconventionnellement ne fait

pas partie des causes qui peuvent éteindre les obligations. — Cet argument me touche fort peu : il suppose
dans la rédaction de nos textes beaucoup. plus de méthode et de précision qu'il n'y en a en réalité. Le législateur a statué *de eo quod plerumque fit*, voilà tout : il
s'est occupé de l'action, il ne s'est point occupé de l'exception.

Nous pensons donc que l'ex-interdit ou ses représentants peuvent, à toute époque, proposer, par voie de défense, la nullité d'un acte souscrit pendant l'interdiction (1).

Nous arrivons au troisième point de notre division,

§ 3.

Comment la nullité peut-elle être couverte ?

Nous avons dit que le troisième caractère de la nullité
relative, c'est qu'elle peut être confirmée par une ratification : le principe est écrit dans l'art. 1338. Donc l'interdit ou ses héritiers peuvent, cessant l'interdiction, ratifier

---

(1) *Sic* : Merlin, *Répert.*, vº PRESCRIPTION, sect. 2, § 25. — Delvincourt,
t. II, p. 597-599. — Toullier, t. VII, p. 600. — Troplong, *Prescription*,
nº 827 et suiv. — M. de Savigny, *Traité de droit romain*, t. V, § 254. —
M. Larombière, art. 1304, nº 34. — Dalloz, *Répert.*, vº OBLIGATIONS, nº
2937. — Colmar, 26 mai 1812. — Rouen, 2 janvier 1838. — Cassation,
21 Décembre 1833.

Contra : Duranton, t. XII, 549. — Marcadé, art. 1304, III. — Gand,
2 février 1834.

Mais, bien entendu, cette règle ne peut recevoir son application
qu'autant que le contrat n'a pas été exécuté et que les choses sont en-
tières.

l'obligation annulable. Je dis : l'interdiction *cessant* ; car il est clair qu'une obligation entachée de nullité ne peut être valablement ratifiée qu'autant que la cause qui a produit la nullité a cessé d'exister ; autrement, la confirmation serait entachée du même vice que l'obligation elle-même qu'elle a la prétention de ratifier.

La ratification peut être expresse ou tacite. Elle est expresse quand il y a déclaration formelle du débiteur, et cette déclaration n'est valable, aux termes de l'art. 1338, que lorsque l'on y retrouve : *la substance de l'obligation, la mention du motif de l'action en rescision, et l'intention de réparer le vice sur lequel cette action est fondée.*

Elle est tacite, quand le débiteur a exécuté son obligation *volontairement* (c'est-à-dire avec la connaissance du vice dont elle était entachée et l'intention de le réparer), *après l'époque à laquelle l'obligation pouvait être valablement confirmée ou ratifiée.*

La jurisprudence a fait de nombreuses applications de tous ces points de droit à des espèces particulières ; mais nous ne pourrions nous y arrêter sans sortir de notre sujet.

L'effet de la confirmation, ratification ou exécution volontaire, dans les formes et à l'époque déterminées par la loi, est de purger le vice dont l'obligation est entachée : *elle emporte la renonciation aux moyens et exceptions que l'on pouvait opposer contre cet acte, sans préjudice néanmoins du droit des tiers...* ; c'est-à-dire sans préjudice des droits acquis à des tiers sur la chose qui fait l'objet de l'obligation annulable. Ainsi, Primus, interdit, a vendu à Secundus l'immeuble A ; l'interdiction levée,

Primus vend le même immeuble à Tertius ; puis il ratifie la vente faite en interdiction à Secundus. Voilà une ratification qui préjudicierait au droit de Tertius, et celui-ci sera fondé à dire : en me vendant cet immeuble, vous vous êtes interdit vis-à-vis de moi le droit de ratifier la vente nulle que vous aviez consentie à Secundus ; donc cette ratification est, à mon égard, non-avenue : voilà l'art. 1338 (1).

§ 4.

Quels sont les effets de la nullité prononcée ?

L'effet général de l'action en nullité, quand elle triomphe, c'est l'effet de la *restitutio in integrum* du droit romain : *Ut unusquisque in integrum jus suum recipiat* (l. 24, § 4, D., *De minoribus XXV annis*). Les parties doivent être remises au même et semblable état que si l'obligation n'avait pas existé, et c'est à cause de cela que l'action en nullité figure parmi les modes d'extinction des obligations.

Rien de plus simple, si l'obligation n'a pas été exécutée ; que si elle l'a été, l'annulation met, en principe, les parties dans l'obligation de restituer tout ce qu'elles ont reçu en vertu de l'acte annulé, principal et accessoires. Mais ce principe reçoit exception en ce qui concerne les inca-

---

(1) Besançon, 30 juillet 1811. — Cassation, 16 janvier 1837.

pables, et par conséquent l'interdit. Voici en quels termes dispose, à cet égard, l'art. 1312 :

Lorsque les mineurs, les interdits ou les femmes mariées sont admis, en ces qualités, à se faire restituer contre leurs engagements, le remboursement de ce qui aurait été, en conséquence de ces engagements, payé pendant la minorité, l'interdiction ou le mariage, *ne peut en être exigé, à moins qu'il ne soit prouvé que ce qui a été payé a tourné à leur profit.*

Cet article, d'après ses termes, ne parait pas s'appliquer aux restitutions de corps certains. Il n'en est pas moins vrai que, si la restitution à opérer porte sur un objet de cette nature, l'incapable ne sera tenu de le rendre que tel qu'il se trouve, sans avoir à tenir compte des détériorations et dégradations dont il n'aura pas profité, à moins toutefois, selon nous, que ces dégradations ne fussent le résultat de son délit ou quasi-délit (1).

Mais c'est lorsqu'il s'agit du remboursement de sommes payées à l'incapable en exécution de l'obligation annulée que l'on se trouve dans le cas directement prévu par l'art. 1312.

Ce qu'il faut bien remarquer, c'est qu'il faut pour que l'art. 1312 reçoive son application :

1° Que ce soit en exécution d'un acte passé pendant l'interdiction que l'interdit ait reçu quelque chose ; autrement, il y aurait lieu à l'application de l'art. 1241 ; — 2° que l'interdit se fasse restituer comme tel, *en cette*

(1) V. *supra*, p. 63.

qualité, dit l'art. 1312 ; — 3° que le paiement ait été effectué pendant l'interdiction (art. 1312) (1).

Quand ces diverses circonstances sont réunies, les restitutions à faire par l'interdit des choses qu'il a **reçues** en exécution de l'obligation annulée, sont subordonnées à l'examen de cette question préalable : L'interdit en a-t-il profité ?

Si oui, il sera tenu *in quantum locupletior factus est* ;
Si non, il n'aura rien à restituer.

On comprend d'ailleurs que c'est là une pure question de fait, que les juges apprécieront.

En principe, c'est au moment où l'action en nullité est intentée qu'il faut se placer pour résoudre cette question (l. 47, D., *De solut.* ; l. 4, D., *De except.*).

Toutefois, ce principe n'est pas absolu ; si, par exemple, avec les sommes reçues, l'incapable a fait à un immeuble des réparations nécessaires, s'il a acheté des choses indispensables, il devra en tenir compte dans la restitution, encore bien que l'immeuble, que les objets achetés aient péri, même par cas fortuit ; c'est que, en effet, il ne s'en est pas moins enrichi de tout ce qu'il a été dispensé de débourser ; et, sous ce rapport, on voit que ce n'est, en définitive, qu'une application de notre principe, car il est vrai de dire que le profit subsiste au moment de l'action, puisqu'il est resté dans le patrimoine de l'incapable une somme égale à celle qu'il a consacrée à ces dépenses, et qui, sans cela, ne s'y trouverait plus (art. 1306).

---

(1) M. Larombière, art. 1312, n° 2. — Dalloz, *Répert.*, v° OBLIGATIONS, n° 2977.

Mais il en serait autrement dans le cas de dépenses simplement utiles, et dans la même hypothèse, à moins toutefois, selon nous, qu'il ne fût prouvé que ces dépenses auraient été faites sur son propre patrimoine.

On peut donc dire d'une manière générale que l'incapable a tiré profit de ce qu'il a reçu *quatenus locupletior factus est, vel quatenus propriæ pecuniæ pepercit* (1).

Le principe de l'art. 1312 s'applique à tous les contrats, même aux contrats aléatoires, et notamment au contrat d'assurance. Ainsi, un interdit a fait assurer ses biens moyennant une certaine prestation annuelle : quand il aura fait prononcer l'annulation de ce contrat, il n'aura rien à rendre, puisque nous supposons qu'il n'a rien reçu. Dans ce cas, l'inégalité du lien a quelque chose d'exorbitant, puisqu'il dépend de l'incapable de faire annuler le contrat, si les risques ne se sont pas réalisés, et de le maintenir dans le cas contraire ; et le même résultat se produirait dans le contrat de rente viagère.

Tout cela est vrai, mais c'est une conséquence nécessaire du caractère purement relatif de l'action en nullité. Et, après tout, son adversaire doit s'en prendre à lui-même d'avoir contracté dans de semblables conditions (1).

---

(1) Comp : Massé et Vergé, sur Zachariæ, t. III, p. 476, note 7. — M. Larombière, art. 1312, n°° 7 et 8. — Dalloz, *Répert.*, v° OBLIGATIONS, n° 2970.

La jurisprudence a fait l'application de ce principe à de nombreuses espèces, notamment dans les arrêts suivants : Cassation, 5 décembre 1826. — Paris, 3 avril 1811. — Metz, 14 avril 1821. — Bruxelles, 5 décembre 1820. — Caen, 20 juin 1845. — Cassation, 24 janvier 1855.

(2) M. Larombière, art. 1312, n° 9.

Remarquons, en terminant, que c'est à la partie capable, qui a traité avec l'incapable, de prouver que ce qui a été reçu par ce dernier a tourné à son profit ; car, si l'ex-interdit ou son représentant est demandeur en nullité, son adversaire devient demandeur en remboursement. Cela résulte d'ailleurs manifestement de la formule même employée par l'art. 1312.... : *Le remboursement ne peut en être exigé, à moins qu'il ne soit prouvé que ce qui a été payé a tourné à leur profit* (1).

Nous avons toujours supposé l'interdit en présence d'une partie capable ; on peut le mettre en présence d'un autre incapable, par exemple d'un mineur, ou, si l'on veut même, d'un autre interdit. Eh bien ! dans ce cas encore, l'art. 1312 sera applicable à chacun des incapables ; chacun d'eux ne sera tenu de rendre que ce dont il a profité : *Melior est causa consumentis, nisi locupletior ex hoc inveniatur*, disait la loi romaine (2).

L'art. 1312 ne fait, en effet, aucune distinction, et il n'y en avait pas à faire ; car le principe sur lequel il est fondé est tout à fait indépendant de la capacité de la partie qui a traité avec un incapable (3).

---

(1) *Sic :* Duranton, t. XII, n° 562. — M. Larombière, art. 1312, n° 6. — Dalloz, *Répert.*, v° OBLIGATIONS, n° 2976.

(2) L. 34, D., *De minoribus*. — L. 11, § 6, D., *ibid.*

(3) *Sic :* M. Larombière, art. 1312, n° 14.

CHAPITRE IV.

ACTES FAITS PAR L'INTERDIT PENDANT UN INTERVALLE LUCIDE.

Sommaire.

Position de la question.

SECTION I. — *Quel est le sort des actes qui, devant être faits par le tuteur au nom de l'interdit, auraient été faits par l'interdit lui-même pendant un intervalle lucide ?*

SECTION II. — *Quel est le sort des actes essentiellement personnels que l'interdit aurait faits pendant un intervalle lucide ?*

§ 1. *La présomption légale de l'art. 502 s'applique-t-elle à tous les actes indistinctement, même à ceux qui n'admettent pas de représentation ?*

§ 2. *L'interdit peut-il valablement contracter mariage pendant un intervalle lucide ? et, incidemment, par qui peut être attaqué le mariage de l'interdit ?*

§ 3. *L'interdit peut-il valablement faire une donation entre-vifs ou un testament pendant un intervalle lucide ?*

§ 4. *Observations finales.*

POSITION DE LA QUESTION.

Nous avons indiqué déjà une division des actes de la vie civile en deux classes, division qui est, en cette matière, d'une importance capitale.

Il y a des actes, avons-nous dit, dans lesquels l'incapable peut être représenté par un tuteur, des droits dont l'exercice peut être séparé de la jouissance. Il en est d'autres, au contraire, qui sont essentiellement personnels et ne peuvent être exercés par délégation ; tels sont : la reconnaissance d'un enfant naturel, l'adoption, le mariage, la disposition à titre gratuit entre-vifs ou testamentaire.

Nous allons maintenant nous poser la question qui fait l'objet de ce chapitre, séparément sur chacune de ces deux classes d'actes.

SECTION I.

QUEL EST LE SORT DES ACTES QUI, DEVANT ÊTRE FAITS PAR LE TUTEUR AU NOM DE L'INTERDIT, AURAIENT ÉTÉ FAITS PAR L'INTERDIT LUI-MÊME PENDANT UN INTERVALLE LUCIDE ?

A cette question-là, la réponse est simple : ces actes-là sont nuls par application de l'art. 502. Nous avons reconnu, en effet, qu'à la différence du droit romain, qui entrait dans l'examen spécial de chacun des actes de l'insensé, notre législation avait tiré de l'état habituel de démence une présomption légale d'insanité d'esprit, qui s'était traduite par l'interdiction. Or, cette présomption légale est du nombre de celles qui n'admettent pas de preuve contraire. Les textes abondent pour le prouver.

C'est d'abord l'art. 489, qui dispose que « l'individu qui « est dans un état habituel d'imbicillité, de démence ou « de fureur, doit être interdit, *même lorsque cet état pré-* « *sente des intervalles lucides.* » C'est l'art. 502, qui pose, d'une manière absolue, ce principe que « tous les « actes passés par l'interdit postérieurement au jugement « d'interdiction seront *nuls de droit.* » C'est encore l'art. 1125, qui démontre clairement que la loi a elle-même prévu que l'acte pourrait être fait pendant un intervalle lucide, puisqu'elle déclare la nullité simplement relative, et que, si l'interdit était toujours nécessairement en état de démence, la logique commandait de frapper ses actes d'une nullité absolue. C'est enfin et surtout l'art. 1352, qui suffirait amplement à lui seul. Aux termes de cet article, *nul preuve n'est admise contre la présomption de la loi, lorsque, sur le fondement de cette présomption, elle annule certains actes ou dénie l'action en justice.* — Or, en vertu d'une présomption d'incapacité, la loi annule les actes de l'interdit ; donc, aucune preuve n'est admise contre cette présomption-là.

Ainsi, l'incapacité de l'interdit est une incapacité permanente ; nous ne pouvons que répéter ce que nous avons dit déjà : la question de fait n'entre plus pour rien dans l'appréciation des actes de l'interdit ; ses actes sont jugés seulement en droit, et ils sont à l'avance condamnés. Ne demandez donc plus si, en fait, l'interdit n'était pas dans un intervalle lucide quand il a fait l'acte, car ceci est désormais indifférent. Ne demandez pas non plus (Marcadé) s'il n'était point complétement dénué de raison quand il a fait l'acte, car ce point est tout aussi indifférent que le premier. Ah ! sans doute, en droit commun, l'acte eût été pleinement valable dans le premier cas, et absolument nul dans le deuxième ; mais nous sommes ici en dehors des règles du droit commun : nous sommes soumis aux principes de l'interdiction, régime tout spécial et qui a ses règles à part. Dans ce régime, la loi ne tient pas compte des faits, et elle frappe tous les actes de l'interdit d'une pareille nullité, d'une nullité relative.

Nous ne saurions, pour notre part, qu'approuver le législateur ; nous avons dit ailleurs pourquoi.

Notre question se trouve ainsi résolue dans la première hypothèse, c'est-à-dire relativement aux actes pour lesquels l'interdit peut être représenté par son tuteur.

SECTION II.

QUEL EST LE SORT DES ACTES ESSENTIELLEMENT PERSONNELS QUE L'INTERDIT AURAIT FAITS PENDANT UN INTERVALLE LUCIDE ?

La question est de savoir si l'interdit est capable, pendant un intervalle lucide, de faire certains actes pour lesquels son tuteur ne peut pas le représenter : reconnaître un enfant naturel, adopter, contracter mariage, disposer de ses biens par donation entre-vifs ou par testament ; question aussi grave qu'elle est difficile et controversée.

Une opinion s'est formée tout d'abord, aussi radicale que le texte paraît l'être lui-même, d'après laquelle l'incapacité dont l'interdit est frappé est une incapacité générale et absolue s'appliquant à tous les actes indistinctement.

Toutefois, à côté d'elle, une théorie nouvelle s'est élevée, théorie dont tout l'honneur revient à l'illustre doyen de la Faculté de Caen, qui l'a exposée dans de très-savants développements.

Cette théorie distingue entre les actes dans lesquels l'interdit peut être représenté par son tuteur et les actes qui n'admettent pas de représentation ; et, en reconnaissant que l'interdit est toujours incapable des premiers, elle professe, au contraire, que les seconds ne sont pas soumis à l'application de l'art. 502, et que l'interdit peut les faire pendant un intervalle lucide.

Je me rallie entièrement et avec une conviction profonde à la théorie de M. Demolombe.

Afin de mettre plus de clarté et de méthode dans la discussion, j'examinerai d'abord, au point de vue général, la question de savoir si la présomption de l'art. 502 s'applique à tous les actes indistinctement, ou si, au contraire, l'interdit ne peut pas, pendant un intervalle lucide, faire lui-même les actes essentiellement personnels et qui n'admettent pas de représentation.

Ensuite, j'exposerai spécialement les éléments de décision spéciaux aux principaux de ces actes : 1° au mariage 2° à la donation entre-vifs et au testament.

Je pose d'abord la question générale :

§ 1.

La présomption légale de l'art. 502 s'applique-t-elle à tous les actes indistintement, même à ceux qui sont essentiellement personnels ?

Telle est la question que nous avions posée sous le chapitre I, et dont nous allons maintenant chercher la solution. J'ai dit que, d'après la doctrine la plus accréditée, cette question était résolue affirmativement. Je vais essayer de présenter dans toute leur force les arguments sur lesquels cette doctrine est basée. Ces arguments sont déduits :

1° Des textes même du Code civil ;

2° Des principes nouveaux en matière d'interdiction ;

3° De certaines considérations de physiologie et de médecine ;

4° Enfin, des prétendues inconséquences auxquelles aboutirait la doctrine contraire.

1° On invoque d'abord les textes :

Aux termes de l'art. 502, *tous actes passés postérieurement par l'interdit, ou sans l'assistance du conseil, seront nuls de droit*. Or, qui dit *tout* n'excepte *rien*.

Comment, en présence d'un texte aussi formel et aussi absolu, voulez-vous faire des distinctions entre tel ou tel acte ? Il n'y en a pas à faire, puisque *tous* sont frappés de la même nullité.

Et à supposer même, ajoute-t-on, que ces mots *tous actes* manquassent de clarté, les législateurs de l'an XI ont assez souvent et assez formellement exprimé leurs véritables sentiments pour qu'ils ne puissent être l'objet d'aucune incertitude. C'est ainsi que le tribun Bertrand de Greuille disait, dans son rapport au Tribunat, que « l'interdit, ayant perdu la *libre jouissance de sa personne* « *et de ses biens*, doit nécessairement passer sous la *puis-* « *sance* d'un tiers. » — C'est ainsi encore que le tribun Tarrible disait dans son discours au corps législatif : « *L'interdiction absolue* est nécessaire à l'égard de l'insensé. » — C'est ainsi enfin que le conseiller d'Etat Emmery disait, dans son *Exposé des motifs*, au Corps législatif : « Vous apercevez , citoyens législateurs , la différence « notable qui existe entre l'interdiction *absolue* et le simple « assujettissement à prendre dans certains cas spécifiés « l'avis d'un conseil... » Or, dit-on, quels droits pourraient échapper à une interdiction *absolue*, et comment pourrait-on créer et exprimer une incapacité plus complète (1) ?

Donc, le système contraire viole à la fois la lettre et l'esprit de l'art. 502.

Il est, de plus, la violation de l'art. 512 : en effet, d'après cet article, l'interdit ne pourra reprendre l'exercice de ses droits *qu'après le jugement de main-levée* ; or, tant que cette disposition ne sera pas modifiée dans sa rigueur, il est impossible que, devant la seule apparition de l'intervalle lucide, s'arrête l'effet de l'interdiction et

(1) M. de Castelnau, *Essai sur l'interdiction des aliénés*, p. 86 et 87.

tombe l'obstacle qu'elle oppose à la validité des actes juridiques (1).

2° Si les textes ne permettent de faire aucune distinction, les motifs du texte et les principes nouveaux de l'interdiction ne le permettent pas davantage. D'intervalles lucides, mais la loi n'en reconnait pas, ou du moins elle n'en tient aucun compte ; c'est bien ce qui résulte de l'art. 489, et c'est ce qui résulte surtout des paroles dans lesquelles le législateur lui-même justifiait cette disposition :

« *Les lueurs équivoques de la raison, qui reparaissent* « *quelquefois chez les insensés et les furieux, n'étaient* « *pas un motif suffisant pour modifier l'interdiction ou* « *pour en interrompre la continuité.* » (Discours du tribun Tarrible au Corps législatif). — A la différence du droit romain, notre législation a élevé contre l'interdit une présomption légale d'incapacité, présomption contre laquelle la preuve contraire n'est pas admise (art. 1352). En fait, l'interdit était capable de consentir, dites-vous ; — soit, mais, en droit, il ne l'était pas, car l'incapacité juridique qui le frappe est continue et permanente (2).

3° Et c'est bien là, dit-on, le système le meilleur et le plus sûr. Des intervalles lucides, mais est-on bien sûr qu'il y en ait dans une intelligence dont l'état *habituel* est la démence, la fureur et surtout l'imbécillité ? Est-on bien

(1) M. Sacaze, *Capacité civile des aliénés, Revue de législat. de M. Wolowski*, 1851, t. 1. p. 247.

(2) Marcadé, t. 1, *Observat. sur le chap. IV du Mariage*, n° 11. — M. Ponl, *Revue de législ. de M. Wolowski*, 1845, t. III, p. 255-256. — MM. Massé et Vergé, sur Zachariæ, t. 1, p. 170, note 3.

sùr que la lésion interne ne subsiste pas, alors même qu'elle ne se révèle pour le moment par aucun signe extérieur? Ne voit-on pas tous les jours des insensés parfaitement raisonnables en apparence et dissimulant eux-mêmes avec le plus grand soin le désordre de leurs idées et l'anarchie de leur intelligence, à laquelle ils ne commandent plus? Et puis, à supposer qu'il puisse y avoir dans un cerveau lésé à ce point, de ces moments où l'intelligence est complètement rendue à elle-même, comment reconnaîtrez-vous avec certitude l'existence de cet intervalle lucide, de cet éclair au milieu de la nuit? Comment marquerez-vous la limite entre la folie et la raison ? *In confinio furoris et sanitatis*, disait Justinien (1. 6, C., *De curatoribus*) (1).

4° Tels sont, dit-on, les motifs pour lesquels notre législateur a frappé l'interdit d'une incapacité permanente. Et cet homme, que la loi déclare incapable de tous les actes de la vie civile, cet homme, qui ne pourrait faire valablement le plus petit acte d'administration, le bail le moins important, même pendant un de ces intervalles que vous appelez lucides, vous le déclarez capable de faire des actes bien autrement graves, d'engager, par exemple, sa personne et toute son existence par le mariage, de disposer de ses biens par donation entre-vifs ou par testament ! Non, cela n'est pas possible ; car un pareil système accuserait la plus inexplicable contrariété de vues chez le législateur (2).

---

(1) MM. Massé et Vergé, sur Zachariæ, *loc. cit.*
(2) M. Pont, *Revue Wolowski, loc.*

On ajoute qu'il n'y a pas à cela grand inconvénient. Si, véritablement, l'insensé est revenu à la raison, il y a un moyen bien simple pour lui rendre sa capacité : que l'on fasse prononcer la main-levée de l'interdiction !

De tous ces motifs, on conclut que l'incapacité de l'interdit est générale et s'applique même aux actes essentiellement personnels (1). Toutefois, et cette remarque n'est pas sans importance, on n'a pas toujours accepté franchement toutes les conséquences de ce principe, et, parmi les auteurs qui défendent cette opinion, il en est peu, je crois, qui n'y aient apporté quelque exception, quelque dérogation plus ou moins grande.

Ainsi, nous voyons le même auteur, qui professe que l'interdit ne peut tester, enseigner en même temps qu'il peut reconnaître un enfant naturel pendant un intervalle lucide, qu'il peut se marier, mais sous les mêmes conditions que le mineur, c'est-à-dire avec le consentement de ses ascendants ou de son conseil de famille (2).

Celui-ci (3) le proclame absolument incapable de contracter mariage, parce que *la loi frappe de nullité tous ses actes*, mais en même temps le reconnait capable de

---

(1) *Sic* : Delvincourt, t. I, p. 55, note 1. — Toullier, t. I, n° 502, et t. V, n° 57, note 2. — Duranton, t. II, n°° 27-34, t. III, n° 759. — Proudhon, t. I, p. 375, et t. II, p. 531. — Marcadé, t. I, art. 146. — Grenier, t. I, n° 104. — Zachariæ, t. V, p. 14. — M. Sacaze, *Capacité civile des aliénés*, n° 4, *Revue de législat. de M. Wolowski*, 1851, t. I, p. 243 et suiv. — M. Pont, *Jurisprudence civile*, même revue, 1845, t. III, p. 251 et suiv. — M. de Castelnau, *Essai physiologique sur l'interdiction des aliénés*, p. 84 et suiv. (Cet essai est inséré dans le *Moniteur des sciences médicales*, 1860, t. II.)

(2) Zachariæ, t. III, n° 127 ; t. IV, p. 40, et t. V, p. 14.

(3) Dalloz, *Répert.*, v° MARIAGE, n° 207, et v° DISPOSITIONS ENTRE-VIFS, n° 219 et suiv.

faire un testament. Celui-là, au contraire (1), en admettant qu'il n'est pas absolument incapable de se marier, déclare insoutenable l'opinion qui lui permet de tester, parce que l'interdiction lui ôte *toute participation aux fonctions civiles pendant sa durée, et qu'elle est un état indivisible.* Nous voyons encore cet autre auteur, l'un des plus fermes soutiens de la doctrine que j'expose (2), professer à la vérité que l'interdit ne peut se marier ; mais ce n'est plus en vertu des principes de l'interdiction, c'est en vertu de l'art. 146 et des règles du mariage : en conséquence, cet auteur décide que le mariage contracté par un interdit, pendant un intervalle lucide, est radicalement nul et inexistant, aggravant ainsi, en ce qui concerne le mariage, la présomption d'incapacité de l'art. 502.

Telle est la théorie généralement reçue, celle que l'on peut appeler la théorie régnante. Je me suis efforcé de présenter tous les arguments qu'elle invoque et de les présenter dans toute leur valeur. Et maintenant, je vais essayer de les combattre, et j'ai la ferme confiance qu'aucun d'eux ne restera sans réponse.

Je commencerai par la fin ; car je veux tout d'abord appeler l'attention sur ces incertitudes, sur ces divisions de la doctrine contraire. Tout cela manque d'unité, tout cela est arbitraire. La base du système que je combats est dans l'art. 502. Eh bien ! je dis qu'il n'y a pas de milieu, et qu'il faut de deux choses l'une : ou bien appli-

(1) Troplong, *Contrat de mariage*, t. I, n° 289 ; *Donations et testaments*, t. I, n° 462.
(2) Marcadé, t. I, *Observ. préliminaires sur le ch. IV du mariage*, n° II.

quer cet article à tous les actes essentiellement personnels
que l'interdit peut faire, ou ne l'appliquer à aucun de ces
actes ; car, si vous y faites une brèche, à cet article, si
vous reconnaissez qu'un acte quelconque ne tombe pas
sous le coup de cet article, l'argument redoutable, j'en
conviens, que vous en tirez tombe de lui-même. Je le
répète, toute distinction est illogique et arbitraire, et il
faut choisir entre les deux systèmes radicaux. On me dira
que ma critique s'adresse plutôt aux défenseurs de la
doctrine qu'à la doctrine elle-même : j'en conviens ; toutefois, M. Demolombe remarque avec grande raison que
toutes ces distinctions-là prouvent une chose, c'est que
l'on n'a pas osé affronter toutes les conséquences de la
doctrine qui généralise la présomption légale d'incapacité
résultant de l'art. 502.

Soumettons maintenant chacun des arguments de la
doctrine que je viens d'exposer au contrôle d'un sérieux
examen.

Et d'abord remarquons que l'expédient proposé pour
parer aux conséquences véritablement excessives et inhumaines auxquelles aboutit le système que nous combattons,
conséquences que nous relèverons ultérieurement, est
absolument inefficace. Faites prononcer la main-levée de
l'interdiction, dit-on ; mais c'est se placer en dehors de
la question, car la main-levée ne peut être prononcée
qu'après la complète guérison, et il est bien évident que,
si l'existence d'intervalles lucides n'empêche pas de prononcer l'interdiction, elle ne sera pas un motif pour faire
lever l'interdiction prononcée.

Ceci posé, voyons ce qu'on nous oppose :

1° Un argument de raison. Comment ! on reconnaît que l'incapacité de l'interdit est permanente, à ce point qu'il ne pourrait faire le plus petit acte d'administration même pendant ces prétendus intervalles lucides, et la loi lui permettrait de faire des actes infiniment plus graves : de se marier, de disposer de ses biens à titre gratuit, c'est-à-dire sans équivalent !

« L'on arriverait à ce résultat curieux, dit Marcadé, *« que la loi, pour protéger l'interdit, l'empêche de ven-« dre son bien, de l'échanger, de le louer même, dans « la crainte qu'il ne fasse de mauvais marchés, mais ne l'empêche pas de le donner !!! »*

J'avoue que, pour ma part, je n'ai jamais compris la valeur de cet argument. Nous avons reconnu l'existence de deux classes d'actes bien différents : les uns, dans lesquels l'incapable peut être représenté par son tuteur : les autres, au contraire, qui n'admettent pas de représentation ; nous avons reconnu encore que, pour la première classe, l'incapacité de l'interdit est permanente, et nous avons dit nous-même qu'il y avait à cela tout avantage sans inconvénient. En effet, qu'importe que l'interdit ne puisse pas faire ces actes-là ? son tuteur les fera pour lui. Et c'est de là qu'on prétend conclure, par *a fortiori*, que l'interdit est également incapable pendant un intervalle lucide de faire les actes de la deuxième classe, actes essentiellement personnels, et dans lesquels il ne peut pas être représenté. Vraiment une pareille conclusion m'étonne, et il m'est impossible de la comprendre. Mais ces actes-là, si vous dites que l'interdit ne peut pas les faire, même pendant un intervalle lucide, songez que personne ne pourra les faire pour lui, c'est-à-dire que ces droits-là seront éteints dans sa personne, et que la loi, sous prétexte de protéger l'interdit, l'aura frappé d'une véritable mort civile partielle.

Nous reviendrons, au reste sur ce point ; mais ce que nous tenons à constater ici, c'est que l'argument *a fortiori* qu'on nous oppose est tout à fait sans valeur : la loi a pu défendre à l'interdit, d'une manière absolue, tous les actes que son tuteur peut faire pour lui, précisément parce que son tuteur peut les faire pour lui, que dès lors la loi ne portait aucune atteinte au droit lui-même, à la jouissance du droit, mais seulement à son exercice ; mais elle n'a pas pu lui défendre d'une manière absolue les actes que lui seul peut faire, lors même que ces actes seraient infiniment plus graves que les premiers ; car, pour ces droits-là, ce ne serait pas seulement l'exercice qu'elle lui aurait enlevé, ce serait la jouissance même du droit ; or c'est là ce que nous ne pouvons admettre.

2° On nie l'existence des intervalles lucides, et, subsidiairement, on nie que cette existence puisse être reconnue.

Je n'ai pas la prétention, bien entendu, d'engager ici une discussion de physiologie et de médecine : aussi bien en serais-je complétement incapable. Je réponds seulement : quant à l'existence des intervalles lucides, c'est une question qui ne nous appartient pas, et nous devons nous en rapporter sur ce point aux témoignages de la science médicale. Or, c'est un point aujourd'hui parfaitement établi en médecine que l'aliénation mentale est susceptible *d'intervalles lucides* ; je me sers de l'expression juridiquement consacrée, quoique ce ne soit pas l'expression médicale : ce que nous appelons *intervalles lucides* est appelé, dans le langage technique des spécialistes modernes, *intermissions ou intermittences*. Mais, qu'importe le nom, pourvu que la chose soit certaine ? Ce que je tiens à constater c'est qu'on reconnaît dans une intelligence lésée la possibilité de retours à la raison, d'intervalles lucides et très-lucides : *quæ perfectissima sunt*, disait Justinien ; de ces moments enfin où l'intelligence est complétement rendue à elle-même, quoique momentanément. Nous avons d'abord le témoignage de l'antiquité, témoignage qui n'est certes pas à dédaigner, car les solutions législatives que Justinien avait empruntées à la médecine de son temps, et qu'il nous a léguées, prouvent assez que la science antique avait observé d'un regard profond et sûr les diverses altérations de la raison humaine. Et la science moderne, riche d'une plus longue expérience, a pleinement confirmé sur ce point les découvertes de son aînée. C'est ainsi que le docteur Pinel, le régénérateur de la médecine mentale, affirme positivement l'existence des intervalles lucides (1).

Et l'héritier de sa doctrine, Esquirol, la proclame dans les termes les plus explicites : « *Pendant les intervalles* « *lucides et pendant l'intermittence, l'aliéné jouit de la* « *plénitude de sa raison....; il a la conscience des actes* « *qu'il commet..... rien n'ébranle un aliéné qui est dans* « *un intervalle lucide* » (t. I, p. 79 et suiv.).

Broussais cite même, dans son livre de l'*Irritation et*

(1) *Traité médico-phisolophique de l'aliénation mentale*, p. 452.

la folie, l'exemple d'une dame qui avait, depuis trente ans, des accès annuels de folie, lesquels duraient trois ou quatre mois ; elle en pressentait le retour et se rendait dans une maison de santé ; l'accès passé, cette dame s'en retournait chez elle et conservait toute sa raison jusqu'à l'année suivante (1).

Enfin, l'un de nos plus célèbres médecins modernes, un homme qui depuis trente ans est le médecin d'une des principales maisons d'aliénés de Paris, M. le docteur Tardieu, pose lui aussi, l'existence des intervalles lucides non pas sous forme de question, mais comme un fait acquis à la science et désormais indiscutable. Voici ce que je lis dans une récente étude du savant professeur de médecine légale sur la Folie, à propos de la disposition finale de l'art. 489 du Code Civil, *même lorsque cet état présente des intervalles lucides :* « *S'il fallait entendre par ces mots les rémissions franches, les intervalles de retour à la raison, les intermittences parfois périodiques qui marquent certaines formes de la folie, la question ne serait pas difficile à résoudre*..... »

Est-ce que, par de tels témoignages, l'existence des intervalles lucides n'est pas incontestablement établie? D'ailleurs, nos textes eux-mêmes la reconnaissent et la consacrent formellement; et l'art. 489, et surtout l'art. 1125, en faisant de la nullité des actes passés par l'interdit une simple nullité relative ; car, si l'interdit était toujours nécessairement en état de démence, cette disposition ne se comprendrait pas : ce ne serait pas une nullité relative

(1) M. Sacaze, *Revue Wolowski,* 1851, t. I, p. 226.

qu'il eût fallu prononcer, mais bien une nullité absolue, comme la loi romaine : *Furiosi nulla voluntas est.*

Il y a donc des intervalles lucides.

Maintenant que l'on y regarde de près quand il s'agira d'en admettre l'existence, je le comprends. Et, à ce propos, je ne saurais mieux faire que de rappeler les éloquentes paroles dans lesquelles le chancelier d'Aguesseau définissait les caractères que doit offrir l'intervalle lucide pour être pris en considération par la loi : « *Il faut*, dit-« il, *que ce ne soit pas une tranquillité superficielle, une* « *ombre de repos,* adumbrata *quies; mais, au contraire,* « *une tranquillité profonde, un repos véritable; il faut,* « *pour nous exprimer autrement, que ce soit, non une* « *simple lueur de raison qui ne sert qu'à faire mieux* « *sentir son absence aussitôt qu'elle est dissipée, non un* « *éclair qui perce les ténèbres pour les rendre encore plus* « *sombres et plus épaisses, non un crépuscule qui joint* « *le jour à la nuit, mais une lumière parfaite, un éclat vif* « *et continu, un jour plein et entier qui sépare deux nuits,* « *c'est-à-dire la fureur qui précède et la fureur qui suit.* « *Enfin, sans chercher tant d'images différentes pour rendre* « *notre pensée, il faut que ce soit, non pas une simple dimi-* « *nution, une rémission du mal, mais une espèce de guérison* « *passagère, une intermission si clairement marquée qu'elle* « *soit entièrement semblable au retour de la santé* » (Plaidoyer du 15 mars 1798).

Oui, tout cela est parfaitement vrai, et ce sera la tâche des magistrats, éclairés, s'il le faut, des lumières de la science, de distinguer le repos véritable du repos apparent ; mais cela n'importe pas à notre question. Ce que je tenais à établir, et ce que j'ai le droit, ce me semble, de considérer comme établi, c'est l'existence, en principe, des intervalles lucides.

Et j'ai repondu en même temps à l'objection subsidiaire que l'on a formulée : Mais comment reconnaîtrez-vous cette existence ? où placerez-vous la limite entre la folie et la raison ? — Encore une fois, ce sera la tâche des juges ; mais ceci n'est pas un argument, si l'existence même des intervalles lucides est prouvée ; et depuis quand donc la difficulté d'établir l'existence d'un droit implique-t-elle *a priori* la négation de ce droit ?

3° J'arrive à l'argument de principe invoqué par la théorie contraire : — En droit, il n'y a pas d'intervalles lucides ; c'est ce qui résulte de l'art. 489 : l'incapacité de l'interdit est une incapacité permanente.

Je réponds d'abord : il est évident que l'art. 489 ne prouve absolument rien. Je vois bien qu'aux termes de cet article, l'individu qui est dans un état habituel d'imbécillité, de démence ou de fureur, doit être interdit, *même lorsque cet état présente des intervalles lucides* ; mais ce que nous cherchons à préciser, et ce que cet article ne nous dit en aucune façon, ce sont les effets, c'est le caractère de l'interdiction prononcée. — L'incapacité de l'interdit, sous notre législation, est une incapacité permanente, et qui subsiste même pendant les intervalles lucides. — Et qui donc songe à contester ce principe ? Nous l'avons démontré nous-même : oui, l'incapacité est permanente et l'interdit n'en est pas relevé pendant ses intervalles lucides. Mais conclure de là qu'il ne peut pas, pendant un de ses intervalles, faire un de ces actes essentiellement personnels qui nous occupent, c'est manifestement résoudre la question par la question ; car ce que nous cherchons à démontrer, c'est précisément que la présomption légale d'incapacité de l'art. 502 ne s'applique pas à ces actes-là. Donc, on n'a rien prouvé, et on n'a même pas effleuré la question, en disant que l'incapacité est permanente.

4° Restent les arguments de texte ; et, il faut en convenir, c'est là le point le plus fort de la doctrine que je combats. Toutefois, je ne l'y crois pas inexpugnable, et je vais essayer de le démontrer. Et d'abord l'objection puisée dans l'art. 512 n'est pas de nature à nous arrêter long-temps : — L'interdit ne peut reprendre l'exercice de ses droits qu'après le jugement de main-levée. — Sans doute, mais il est clair que l'argument que l'on en déduit est une pure pétition de principe, car la main-levée ne peut rendre à l'interdit que l'exercice de ceux des droits dont il était privé par l'interdiction : or, ce que nous soutenons, c'est que l'exercice des droits qui nous occupent ne lui est pas enlevé par l'interdiction.

Nous nous trouvons maintenant en présence de l'art. 502 : *Tous actes passés postérieurement par l'interdit, ou sans l'assistance du conseil, seront nuls de droit.*

Tous actes : le texte est absolu : c'est là l'argument capital, et, en définitive, toute la base de la théorie ; eh bien ! ce texte, il faut le vaincre, et, quand nous l'aurons vaincu, nous n'aurons pas de peine à édifier la théorie que nous défendons.

Je pourrais d'abord prouver que la loi n'attache pas nécessairement à ce mot *tous* une généralité absolue, en rappelant l'art. 472, qui déclare nul *tout traité* entre le pupille qui a atteint sa majorité et son ci-devant tuteur, et qui pourtant (on le reconnait généralement) ne s'applique qu'aux traités qui ont pour objet le compte de tutelle.

Mais je veux répondre à l'objection d'une manière plus directe et plus péremptoire.

Je fais à l'argument déduit de l'art. 502 une double réponse :

1re *réponse* : L'art. 502 parle en même temps et de l'interdit et de l'individu pourvu d'un conseil judiciaire ; les mots « *tous actes. . . . . seront nuls de droit* » s'appliquent à l'un comme à l'autre : or, il est certain que l'individu soumis à un conseil n'est incapable que dans les limites de l'art. 499, et qu'il peut faire valablement tous les actes que cet article ne lui défend pas ; donc l'argument que l'on déduit de ces mots *tous actes* s'évanouit ; car on voit qu'ils n'ont pas nécessairement cette généralité aveugle qu'on veut leur donner.

Il me semble que cela est clair, et je m'étonne de voir qu'un auteur d'une logique d'ordinaire si sûre n'ait vu là qu'un *étrange abus de mots*, dont on tire un argument *qu'il ne peut pas même trouver sérieux*. Voyons donc sa réfutation ; je la transcris littéralement :

« Mais qui donc a jamais prétendu que ces mots *tous*
« *actes* eussent, pour la personne soumise à un conseil,
« le même sens que pour la personne interdite ? Personne
« assurément ; il est évident pour tout le monde que ces
« mots *tous actes* s'appliquent distributivement aux deux
« personnes dont parle l'article, et signifient, pour l'une

« (l'interdit), tous les actes absolument, et, pour l'autre,
« tous les actes qu'elle ne peut faire sans son conseil. Il
« n'y a nul doute à cet égard » (1).

Voilà bien ce qui explique pourquoi l'auteur n'a pas pu
trouver l'argument sérieux ; sa réfutation, qui ne réfute
absolument rien, prouve qu'il ne l'a pas compris. Non,
sans doute, personne n'a jamais prétendu (et une pareille
prétention aurait effectivement peu de chance de succès)
que les mots *tous actes* aient pour la personne soumise à
un conseil le même sens que pour la personne interdite ;
oui, il est évident pour tout le monde que les mots *tous
actes* s'appliquent distributivement aux deux personnes
dont parle l'article. Mais c'est de là précisément que nous
tirons l'argument suivant, que vous confirmez au lieu de
le réfuter : les mots *tous actes* s'appliquent à l'individu
pourvu d'un conseil judiciaire en même temps qu'à l'interdit ; or, il est incontestable que l'individu pourvu d'un
conseil judiciaire peut très-valablement, et malgré la généralité de ces termes, faire les actes que l'art. 499 ne
lui défend pas ; donc, les mots *tous actes* n'ont pas nécessairement cette généralité aveugle que vous leur prêtez ;
et, dès lors, l'argument de texte est vaincu. Il est vrai
que vous prétendez que ces mots signifient, pour l'un
(*l'interdit*), tous les actes absolument, et, pour l'autre, tous
les actes qu'il ne peut faire sans son conseil. Mais je réponds
que c'est là une pure affirmation sans preuve ; et, de même
que vous reconnaissez que ces mots signifient pour l'individu pourvu d'un conseil judiciaire, non pas tous les

(1) Marcadé, art. 901, II.

actes indistinctement, mais seulement ceux qu'il ne peut faire sans son conseil, je soutiens, moi, que ces mêmes mots signifient aussi pour l'interdit, non pas tous les actes absolument et indistinctement, mais bien *tous les actes qu'il ne peut faire que par son tuteur.*

Voilà ma 1re réponse ; voici la 2e : aux termes de l'art. 509, *« l'interdit est assimilé au mineur pour sa personne et pour ses biens ; les lois sur la tutelle des mineurs s'appliqueront à la tutelle des interdits ».* Je ne prétends pas conclure de là, comme on a voulu le faire dans l'intérêt du système que je défends, que, le mineur étant, en général, capable sous certaines conditions particulières des actes qui nous occupent, l'interdit, qui lui est assimilé, en est aussi capable. Cet argument repose sur une mauvaise interprétation de l'art. 509, qu'il importe d'autant plus de relever qu'elle a été la source de nombreuses erreurs. Cet article renferme deux dispositions qu'il ne faut pas scinder, car la seconde n'est que l'explication de la première, autrement elle n'aurait aucun sens ; si, en effet, l'interdit était *de tous points* assimilé au mineur par la première disposition de l'art. 509, il était évident qu'il y était assimilé *quant aux règles de la tutelle* ; et ce n'était vraiment la peine de le dire, en sorte que la seconde partie de l'art. 509, ne serait qu'un non-sens. L'art. 509 doit donc être ainsi entendu : L'interdit est assimilé au mineur pour sa personne et pour ses biens, *en ce sens* que les lois sur la tutelle des mineurs s'appliqueront à la tutelle des interdits.

Mais dans cette mesure, l'assimilation est incontestable, et l'art. 509 rend ainsi l'art. 450 applicable à l'interdit ;

or que dit cet article ? « Le tuteur prendra soin de la personne du mineur *et le représentera dans tous les actes civils.* » Ceci est capital, et, si je ne m'abuse, l'argument déduit de ce fameux mot *tous actes* de l'art. 502, doit nécessairement tomber devant l'argument que nous allons déduire de l'art. 450.

L'art. 502 et l'art. 450 se servent absolument des mêmes termes : *tous actes,* dit l'art. 502 ; *tous les actes civils,* dit l'art. 450 ; c'est bien le même mot, aussi absolu et aussi général dans un cas que dans l'autre. — Or, tout le monde reconnaît (et il le faut bien) que ces mots *tous les actes,* dans l'art. 450, ne doivent se'ntendre que des actes pour lesquels le mineur peut être représenté par son tuteur, et qu'ils ne s'apliquent pas à certains actes d'un ordre particulier qui n'admettent pas de représentation ; — donc il faut aussi reconnaître que les mêmes mots dans l'art. 502 ne s'appliquent pas non plus à ces actes-là.

C'est que, en effet, suivant la judicieuse remarque de M. Demolombe, il y a une indivisible corrélation entre les art. 450, 502 et 509 ; et tous les actes faits par l'interdit ne sont déclarés nuls de droit par l'art. 502 que parce que les art. 450 et 509 déclarent que tous ces actes-là doivent être faits par le tuteur qui le représente.

Donc, le texte n'est pas concluant ; et les extraits des travaux préparatoires que l'on a appelés au secours de l'interprétation rigoureuse ne le sont pas davantage. Le tribun Bertrand de Greuille a dit que « l'interdit, ayant perdu la *libre jouissance* de sa personne et de ses biens, doit nécessairement passer sous la *puissance* d'un tiers. » — Mais, qu'est-ce que cela prouve ? Il est clair que, même dans notre système, l'interdit a perdu la *libre jouissance* de sa personne et de ses biens : ce n'est pas apparemment avoir la libre jouissance de sa personne (pour me servir des expressions du tribun) que d'être perpétuellement sous la surveillance d'un tuteur et de pouvoir être, d'un jour à l'autre, placé dans une maison de santé ou dans un hospice ; ce n'est pas avoir la libre jouissance de ses biens que de ne pas en palper un denier et d'être absolument incapable de les administrer. Mais la question est de savoir jusqu'à quel point l'interdit perd la libre jouissance de sa personne et de ses biens et, sous ce rapport, les paroles du tribun Bertrand de Greuille ne prouvent absolument rien contre notre interprétation. Nous en disons autant des paroles du tribun Tarrible et du conseiller d'État Emmery ; et il est évident que, quand ils ont parlé de *l'interdiction absolue*, c'était pour l'opposer à la simple dation du conseil judiciaire ; rien ne prouve que, dans leur pensée, ces mots aient eu une autre portée.

Je crois avoir ainsi répondu d'une manière complète à tous les arguments qui ont été mis en avant par la doctrine contraire.

Je pourrais m'en tenir là, car la doctrine que j'ai embrassée se trouve établie par la réfutation même que je viens d'entreprendre ; en effet, la capacité est la règle : *tout français jouira des droits civils* ; pour créer une incapacité quelconque, pour diminuer cette jouissance des droits civils que l'art. 8 reconnaît à tout français, il faut un texte, et un texte formel. Si donc nous sommes arrivé à démontrer qu'aucun texte ne déclare l'interdit incapable des actes essentiellement personnels, dans lesquels il ne peut pas être représenté, la conclusion nécessaire est que cette incapacité n'existe pas.

Je veux cependant présenter encore trois considérations principales en faveur de la doctrine que j'adopte :

La première, déduite des traditions historiques ;

La deuxième, des principes qui régissent les actes dont nous nous occupons ;

La troisième, des conséquences inhumaines auxquelles aboutit la doctrine contraire.

1° Rappelons d'abord les traditions historiques.

Nous avons vu que la législation romaine rendait à l'individu en état de démence son entière capacité pendant les intervalles lucides ; nous avons vu encore que, à part quelques dissentiments, notre ancien droit reconnaissait la validité des actes essentiellement personnels, tels que le mariage et le testament, que l'interdit pour cause de démence aurait faits pendant un intervalle lucide. Est-ce à dire que je prétende déduire de là un argument péremptoire ? Assurément non ; outre qu'un argument historique n'offre jamais ce caractère, je reconnais que, vu la différence des principes nouveaux avec les principes anciens en matière d'interdiction, il perd même singulièrement ici de sa force ordinaire. Toutefois, M. Demolombe a tiré de ces précédents historiques un enseignement philosophique qui me paraît de la plus haute importance dans l'intérêt de la théorie que je défends : à savoir, que les législations antérieures n'avaient pas retourné contre l'aliéné lui-même la protection qu'elles lui accordaient, et qu'elles n'avaient point paralysé dans sa personne l'exercice des droits qu'il était en fait capable d'exercer. Tels étaient les précédents dont nos législateurs se sont inspirés : n'est-ce pas une raison de penser qu'ils n'ont pas répudié ces principes, qui ne sont, après tout, que l'expression d'une rigoureuse logique, et qu'ils n'ont pas voulu faire de l'interdiction, mesure essentiellement protectrice, une véritable mesure pénale ? Car nous allons voir qu'elle n'est pas autre chose dans le système que nous combattons.

2° Ma seconde considération a trait aux principes qui régissent les actes essentiellement personnels dont nous nous occupons. Il est à remarquer, en effet, que notre législation a fait, pour ces actes spéciaux, des règles spéciales aussi ; qu'elle les a mis elle-même en dehors du droit commun, en faisant à chacun d'eux sa théorie particulière et complète, et en réglant spécialement dans les titres qui les concernent la capacité requise pour ces sortes d'actes. C'est ainsi que l'art. 146 dispose qu'*il n'y a pas de mariage lorsqu'il n'y a point de consentement.* C'est ainsi encore que, d'après l'art. 901, *pour faire une donation entre-vifs ou un testament, il faut être sain d'esprit.* Pourquoi dire cela, je le demande, si ces actes étaient soumis au droit commun ? n'était-ce pas plus qu'évident ? Or, comme nous ne pouvons admettre une disposition législative sans but et sans raison d'être, nous concluons de là que le législateur a voulu, en effet, soustraire ces actes-là aux principes généraux pour les soumettre aux principes spéciaux qu'il a édictés. Vous demandez quelle est la validité du mariage contracté par l'interdit ? Ce n'est pas dans les art. 1108 et 502 qu'il faut chercher la solution, c'est dans l'art. 146 ; car c'est lui qui traite du consentement en matière de mariage ; et il réduit la question à une pure question de fait : *Il n'y a pas de mariage lorsqu'il n'y a point de consentement.* De même, ce n'est pas d'après les principes du droit commun, mais bien d'après l'art. 901, qu'il faut apprécier la valeur juridique du testament fait par l'interdit ; or, que dit cet article ? *Il faut être sain d'esprit.* Mais, encore une fois, si ce n'était pas là la seule condition exigée, si l'article n'avait pas pour but d'indiquer que nous sommes ici en dehors des principes généraux, et que la seule question à résoudre est celle de savoir si le disposant était ou n'était pas sain d'esprit, que signifierait ce texte ? Nous ne craignons pas d'affirmer qu'il n'y a pas d'explication possible en dehors de celle que nous présentons.

Donc la capacité requise pour ces actes-là n'est pas régie par les principes de l'interdiction, mais par les principes qui leur sont propres.

3° Enfin, je veux encore appeler l'attention sur les conséquences de la doctrine que j'ai combattue, conséquences non moins contraires au droit qu'à l'équité. C'est là un argument que j'ai déjà fait plusieurs fois pressentir, mais sur lequel je veux insister encore ; car, pour moi, il est capital, il est décisif. Que l'on y fasse une sérieuse attention : il s'agit d'instituer un régime tout protecteur dans dans l'intérêt d'un incapable ; c'est là l'idée, non-seulement dominante, mais unique, qui a inspiré les rédacteurs, et tout prouve, dans les rapports et discours dont ce titre a été l'objet, qu'ils n'ont obéi qu'à des sentiments d'humanité. Il a pu leur échapper quelques mots malheureux, tels que celui-ci, par exemple : « Le projet actuel n'a pas cru

« devoir traiter les prodigues avec la même *rigueur* que
« que les insensés (1). » Mais est-il besoin d'indiquer que
l'orateur a complètement dénaturé sa pensée en prenant
l'effet pour la cause ? M. de Castelnau, qui a cru devoir
relever cette expression, ne l'a fait que pour y signaler
une aberration de langage. Partons donc de ce point bien
certain que toutes les mesures prises par la loi n'ont qu'un
but, protéger l'interdit ; et il était bien impossible, en vérité, qu'il en fût autrement : quel autre sentiment que la
pitié pourrait donc inspirer au cœur de ses semblables le
malheureux atteint de ce terrible fléau de l'intelligence,
qui fait perdre à l'homme l'empire sur sa volonté ? Cela
posé, je conçois que la loi ait déclaré l'interdit incapable
d'exercer les droits qu'un autre peut exercer pour lui ; et
pourtant cette disposition même a soulevé, chez les hommes les plus éminents, les critiques les plus sévères ; je
ne partage pas leur opinion, et je me réserve de la réfuter.
Mais pourquoi ? parce qu'en tant qu'elle ne s'attaque
qu'aux actes dans lesquels l'incapable peut être représenté, l'interdiction ne touche pas à la capacité civile.
Mais, pour les actes qui nous occupent, pour ces actes essentiellement personnels dont l'exercice est inséparable de
la jouissance, la loi n'a pas pu les défendre à l'interdit
d'une manière absolue : elle ne l'a pas pu, car c'eût été
le priver non-seulement de l'exercice, mais de la jouissance même du droit, c'eût été mutiler sa capacité civile
et éteindre véritablement dans sa personne ces droits qui
sont précisément les plus chers, les plus précieux à

(1) *Rapp. du tribun Bertrand de Greuille au Tribunal.*

l'homme. Ah ! si l'on méconnaissait l'existence des intervalles lucides, je comprendrais encore cela. Mais la science la proclame, le législateur l'affirme. Alors je ne vois plus où est le motif, où est le prétexte de cette mutilation de la capacité civile d'un citoyen qui n'est coupable que d'être malheureux ; alors, je n'hésite plus à le dire, la théorie que je combats est une théorie inhumaine, elle qui prétend enchaîner ainsi toujours et quand même le malheureux qui, un moment, a ressaisi son existence morale et intellectuelle, qui se sent sain d'esprit, que la science déclare tel ; elle qui le proclame toujours et quand même incapable de remplir le plus sacré des devoirs, de reconnaître un enfant naturel, de choisir un ami dévoué dans l'époux auquel il s'unirait, de récompenser, et, si l'on veut même, d'encourager par une libéralité un dévouement étranger qui est venu au secours de son infortune, alors que les siens l'y abandonnaient peut-être. Et vous dites que tout cela est fait dans l'intérêt de l'interdit ! Ah ! votre excessive protection manque le but en le dépassant. Aussi, il faut voir comme les aliénistes et les philosophes se sont attaqués à l'interdiction, en la représentant comme une mesure oppressive et inhumaine, et, il faut bien en convenir, si la doctrine que je combats est vraie, leurs critiques ne sont que trop fondées. Oui, si l'interdiction est telle qu'on la fait, M. de Castelnau a raison de dire que c'est une loi contraire à l'équité, contraire à l'esprit d'une civilisation avancée ; il a raison de dire qu'elle viole les lois de la morale et de la raison, et je comprends qu'il demande qu'elle soit bannie du code de la civilisation. Mais pourquoi s'obstiner à voir dans la loi des

conséquences qui n'y sont pas formellement écrites et qui
la rendent excessive et odieuse ? Pourquoi faire une loi ty-
rannique d'une loi qui n'a dû être et qui certainement n'a
que voulu être protectrice ?

Tels sont les motifs qui nous ont porté à nous écarter
de la doctrine générale et qui nous font espérer que cette
doctrine, qui a perdu déjà du terrain, en perdra tous les
jours davantage, et qu'elle finira tôt ou tard par céder la
place à la theorie nouvelle, théorie plus juridique , nous
le croyons du moins, et incontestablement plus équitable
et plus humaine (1).

Est-ce à dire que l'interdiction sera absolument sans
influence sur le sort des actes qui ne tombent pas, selon
nous, sous l'application de l'art. 502 ? Non, et l'interdiction aura tout naturellement pour effet de rejeter le
fardeau de la preuve sur celui qui soutiendra que l'acte
a été passé dans un intervalle lucide, par exemple sur
l'héritier institué par le testament de l'interdit qui sou-
tiendrait contre les héritiers naturels la validité de ce
testament. En effet, l'interdiction est la constatation judiciaire d'un état *habituel* de démence, d'imbécillité ou de
fureur ; or, dans cet état, l'intervalle lucide n'est plus
qu'un accident, à ce point qu'on a été, nous l'avons vu,
jusqu'à contester la possibilité de son existence ; donc,
c'est le cas d'appliquer la maxime des anciens docteurs :
Semel furiosus, semper præsumitur furiosus, et de considérer l'acte comme ayant été fait en état de démence,

---

(1) *Sic :* Merlin *Répert.*, v⁰ INTERDICTION, § 6, n⁰ 6. — M. Demolombe,
De la minorité, t. II, n⁰ˢ 633 et suiv. — M. Valette, *Expl. somm. du
liv. I du Code Nap.,* p. 363, 364.

jusqu'à ce que le contraire soit prouvé. C'est donc à celui qui allègue le fait anormal de l'intervalle lucide à en administrer la preuve (1).

Nous ajoutons que cette preuve pourra, selon nous, résulter du caractère même de l'acte en question. M. Sacaze, dans un des intéressants articles qu'il a publiés sur la *Capacité civile des aliénés*, a écrit que « *la sagesse d'un* « *acte ne doit faire présumer la sagesse de son auteur que si* « *déjà l'apparition des intervalles lucides a été démontrée* « *par ceux sur lesquels repose le fardeau de la preuve ;* « *et que, les intervalles lucides n'étant pas établis, la sagesse* « *fortuite d'un acte demeure sans portée et ne détruit pas le* « *fait prouvé de la folie* (2). »

Cela est-il bien logique ? Il nous semble permis d'en douter. On ne peut juger de l'existence d'un intervalle lucide chez un insensé que par ses actes ; on ne peut pas prendre la raison d'un homme comme on prend une matière quelconque pour l'analyser et en découvrir les propriétés ; on ne peut apprécier que ses actes, et, pour juger sa raison, il faut nécessairement conclure de l'effet à la cause. Dès lors, étant donné un acte sage, il est rigoureusement logique d'en conclure que celui dont il émane était sage lui-même ; car les effets sont en rapport direct avec les causes qui les produisent. Maintenant, il peut arriver, je le reconnais, qu'un individu privé de raison

(1) M. Demolombe, *De la minorité*, t. II, n° 646. — Dalloz, *Répert* v° DISPOSITIONS ENTRE-VIFS, n° 220.

(2) M. Sacaze, *Capacité civile des aliénés*, n° 4, *Revue de législat.* de M. *Wolowski*, 1851, p. 231. — M. Demolombe, *De la minorité*, t. II, n° 646. — Merlin, *Répert.*, v° TESTAMENT, p. 228.

fasse un acte raisonnable ; mais on nous concédera que c'est là un pur accident, dû au caprice du hasard, et contraire à la règle générale. Et tout ce qui en résulte, c'est que la sagesse d'un acte n'est pas une preuve irréfragable de la sagesse de l'auteur de cet acte ; mais il nous semble qu'elle établit au moins une présomption qui suffit à neutraliser la présomption contraire résultant du jugement d'interdiction. C'est donc à celui qui soutient que l'acte, malgré son apparente sagesse, émane d'un fou, à prouver cette exception à la règle générale (1).

J'ai traité ainsi la question au point de vue général. J'ai dit que j'exposerais ensuite spécialement les éléments de décision spéciaux à chacun des actes dont nous nous occupons.

Je n'ai rien à dire de particulier en ce qui concerne l'adoption et la reconnaissance d'enfant naturel (2). Je

(1) *Sic* : Voët, *Comm. ad Pand.*, tit. *De curat. fur.*, nº 4. — Grenier, nº 105. — M. de Castelnau, *Essai sur l'interdiction des aliénés*, p. 89. — Paris, 17 juin 1822.

Il faut bien comprendre ce que nous disons. Nous ne prétendons pas que tout acte qui n'est pas visiblement contraire à la raison qui ne porte pas en lui un cachet de folie doive être considéré comme une preuve suffisante de l'intervalle lucide. Nous parlons d'un acte réfléchi, raisonné et qui dénote en réalité la sagesse de son auteur.

(2) On présente généralement, dans l'intérêt de la théorie que je défends, un double argument en ce qui concerne la reconnaissance d'enfant naturel : — 1º Il s'agit d'un aveu, qui ne peut émaner que de l'interdit lui-même ; — 2º Il s'agit de l'acquittement d'une dette naturelle. — Sans vouloir méconnaître la valeur de ce double motif, je n'ai pas cru devoir l'indiquer au texte, parce qu'il ne me paraît pas spécial à la reconnaissance d'enfant naturel. En effet, le 1ᵉʳ argument ne prouve qu'une chose, c'est que la reconnaissance d'un enfant naturel est un acte essentiellement personnel : or, il en est de même de tous les actes qui nous occupent en ce moment. Quant au 2ᵉ, il résout peut-être la question par la question ; — il s'agit de l'acquittement

m'occuperai donc seulement : 1° du mariage ; 2° de la disposition à titre gratuit entre-vifs ou testamentaire, et je poserai sur chacun de ces actes la question que nous venons de résoudre sous une formule générale.

Il est bien entendu que les arguments que j'ai déjà développés sont maintenus de part et d'autre, et je n'aurai pas à y revenir ; je veux seulement, je le répète, exposer les arguments spéciaux qui peuvent être produits en faveur des deux théories contraires sur chacune de ces questions en particulier, arguments que je n'ai pas voulu jeter dans la discussion générale, afin d'éviter la confusion.

§ 2.

L'interdit peut-il valablement contracter mariage pendant un intervalle lucide ?

Non, répond la théorie que j'ai combattue en principe et que je dois combattre dans chacune de ses applications. Toutefois, les auteurs qui professent cette opinion sont loin d'être d'accord entre eux sur les causes et, par suite, sur les effets de la nullité qu'ils prononcent, et, tandis que les uns fondent cette nullité sur l'art. 502 et la déclarent dès lors relative et soumise aux principes des art.

---

d'une dette naturelle ; — oui, mais d'abord il faut prouver qu'il y a dette ; or, cette preuve n'est faite que si la reconnaissance est *a priori* déclarée valable. C'est pourquoi nous n'avons pas cru devoir donner un développement spécial à la reconnaissance d'enfant naturel faite par l'interdit.

1125 et 1304 (1), d'autres, au contraire, proclament que les règles de l'interdiction n'ont rien à faire ici, et que le mariage de l'interdit est nul en vertu de l'art. 146, absolument nul et inexistant (2). Je tiens à constater de nouveau ces divisions intestines et cette espèce d'anarchie dans les rangs de le doctrine que je combats.

Et d'abord, la théorie de M. Duranton, qui fonde la nullité sur l'art. 502 et la déclare relative, est évidemment inadmissible, et il ne faut pas hésiter à la rejeter. C'est, en effet, avec grande raison que Marcadé a écrit que « *Le système d'annulation des actes ordinaires ne* « *peut pas être invoqué en matière de mariage ; que les* « *annulations de mariage ont leur système à part, et qu'on* « *ne peut appliquer ici aucune autre cause d'annulation* « *que celles de ce chapitre ; or aucun texte de ce chapitre* « *ne parle de l'annulation pour interdiction.* »

En effet, notre législateur a consacré tout un chapitre aux nullités de mariage, le chapitre IV au titre *Du mariage* ; là, il traite ce sujet tout au long et organise le système des nullités en cette matière spéciale sur un plan tout différent du système adopté pour les actes ordinaires au titre *Des obligations* (art. 1109, 1125, 1304) ; donc c'est dans ce chapitre, et non pas ailleurs, qu'il faut chercher la solution des questions de nullité de mariage.

Mais, tandis que de ce principe incontestable, *qu'aucun texte du chapitre des nullités de mariage ne prononce l'annulation pour interdiction*, nous concluons, nous, tout naturellement que l'interdiction n'est pas par elle-même

(1) Duranton, t. II, n° 27. 33.
(2) Marcadé, t. 1, *Observ. prélim. du ch. IV du mariage*, n° II.

et par elle seule une cause d'annulation de mariage, Marcadé en tire cette conséquence toute contraire, que le mariage contracté par un interdit n'est pas seulement annulable, mais qu'il est nul et inexistant.

Nous allons donc exposer maintenant cette théorie pour la réfuter ensuite. Elle invoque divers ordres d'arguments, tirés :

1° Des textes ;

2° Des travaux préparatoires ;

3° Du silence gardé par la loi quant aux conventions matrimoniales de l'interdit ;

4° Des principes du mariage et des devoirs qu'il impose ;

5° Des dangers de la doctrine contraire pour l'interdit lui-même.

1° Et d'abord, on argumente de l'art. 146 : *Il n'y a pas de mariage lorsqu'il n'y a point de consentement.* Or, dit-on, cet article n'entend pas seulement parler du consentement de fait, du consentement naturel ; ce serait, en vérité, par trop naïf ; car aucun contrat ne saurait jamais se former sans ce consentement-là, et surtout le mariage, le plus grave et le plus solennel de tous les contrats. « *Le consentement est l'âme du mariage* », a fort bien dit M. Troplong. Si donc le législateur n'avait voulu dire que cela, il n'aurait rien dit. Mais il veut dire autre chose et plus ; ce n'est pas seulement du consentement naturel qu'il entend parler, mais encore et surtout du consentement légal, civil, qui peut bien être absent dans des cas où le consentement naturel existe. Ainsi, du temps où la mort civile était en vigueur, le mort civilement était, en fait et naturellement, très-capable de manifester sa volonté ; mais, en droit, il ne l'était pas ; son consentement était un acte purement matériel, sans valeur juridique, et le prétendu mariage qu'il aurait contracté serait tombé sous le coup de l'art. 146. Il en est de même de l'interdit ; en fait, il peut être très-capable de consentir pendant un intervalle lucide ; en droit, il ne l'est jamais ; il peut bien y avoir consentement naturel, il ne peut jamais y avoir consentement légal ; donc, le prétendu mariage contracté par un interdit tombe également sous le coup de l'art. 146 (1).

On a encore invoqué, sur le terrain des textes, l'art. 174-2°, aux termes duquel, *lorsque l'opposition est fondée sur l'état de démence du futur époux, cette opposition dont le tribunal pourra prononcer la main-levée pure et simple, ne sera jamais reçue qu'à la charge par l'opposant de provoquer l'interdiction*........ Donc, si l'interdiction est prononcée, l'opposition triomphera ; donc l'interdiction est un empêchement de mariage (2).

2° D'ailleurs, ajoute-t on, les travaux préparatoires ne laissent aucun doute à cet égard sur la volonté du législateur. En effet, dans la première séance du Conseil d'État sur ce titre, on proposa un article qui déclarait incapables de contracter mariage : 1° *l'interdit pour démence ou fureur ;* 2° les sourds-muets hors d'état de manifester leur volonté ; 3° l'individu frappé de mort civile (art. 3 du projet de la commission du conseil d'État).

<hr>

(1) Marcadé, t. I, p. 459. — M. Pont, *Revue Wolowski*, 1845, III. p. 257 et suiv.

(2) Dalloz, *Répert.*, v° MARIAGE, n° 217.

Pourquoi cet article n'a-t-il pas passé dans le Code ? Les procès-verbaux en font foi : parce que le consul Cambacérès fit remarquer que les deux premières dispositions n'étaient que « *les conséquences naturelles de la règle générale qui exige pour le mariage un consentement valable,* et que la troisième concerne un cas qui est réglé au titre *De la jouissance et de la privation des droits civils* (1). » Ainsi donc, et la doctrine que j'expose insiste sur cet argument, il fut bien entendu que, ni le mort civilement, ni le sourd-muet incapable d'exprimer son consentement, ni l'interdit ne pourraient contracter mariage ; et, si on ne l'a pas dit dans une disposition expresse, c'est parce que cela résultait suffisamment de la règle générale qui exige le consentement.

Et cela est si vrai que le Tribunat, lors de la communication officieuse qui lui fut faite du projet (le 7 messidor an X), demanda un article « *qui établit comme* « *règle certaine que l'interdit pour cause de démence est,* « *en fait de mariage, hors d'état de donner un consentement* « *valable, lors même qu'il aurait des intervalles lucides.* » Il est vrai que cette addition ne fut pas admise ; mais par quelle raison ? Par la raison qui avait déjà fait rejeter l'article discuté dans la première séance du conseil d'Etat ; or, nous savons que le conseil d'État avait rejeté cet article, non point parce qu'il ne voulait pas en admettre la pensée, mais, au contraire, parce que cette pensée était à ses yeux *une conséquence inutile à exprimer de la règle générale.*

Enfin, dans l'Exposé des motifs du titre *De la majorité,*

(1) Locré, *Législ. civile,* t. IV, p. 312, 322 et 451. — Fenet, *Trav. prép.,* t. IX, p. 12.

de l'interdiction et du conseil judiciaire, le conseiller d'État Emmery, analysant les différences qui séparent l'interdiction de la dation d'un conseil judiciaire, disait : » « Ceux auxquels on donne un conseil ne sont pas incapables des actes de la vie civile..... *Ils peuvent se marier ; ils peuvent faire un testament ; ce que ne peuvent pas les interdits pour cause d'imbécillité, de démence ou de fureur.* »

En présence de témoignages si positifs, peut-on douter que la volonté du législateur n'ait été de défendre effectivement le mariage à l'interdit d'une manière absolue (1) ?

3° On tire un troisième argument du silence gardé par le législateur sur les conventions matrimoniales de l'interdit. S'il avait entendu lui permettre le mariage, est-ce qu'il ne se serait pas expliqué sur le point de savoir par qui et comment seraient réglées ses conven'ions matrimoniales, comme il l'a fait pour le mineur (art. 148, 160, 1309, 1398) ; par qui et comment la nullité de ce mariage pourrait être proposée ? Sur tous ces points, silence complet. Et l'on pourrait ajouter que l'art. 511 fournit en ce sens un argument plus puissant encore : voilà un article, au titre même *De l'interdiction*, qui s'occupe du mariage, et de qui ? de l'enfant de l'interdit ; de l'interdit, pas un mot. C'est donc qu'il n'y avait effectivement rien à en dire, parce que ce mariage était impossible.

4° Et il faut bien, ajoute-t-on, qu'il en soit ainsi, car le système contraire est inconciliab'e avec les principes du mariage et les devoirs qu'il impose. En effet, d'une part, » « le mariage a pour fin et la procréation des enfants et la

____

(1) Marcadé, t. I, p. 159.

société intime des époux : *maris et feminæ conjunctio, individuam vitæ consuetudinem continens;* or, il ne peut pas y avoir de société intime avec une personne insensée qui a des intervalles lucides, parce que l'on ne peut pas avoir de société habituelle avec elle, et qu'il devient nécessaire de mener une vie séparée l'un de l'autre dans le temps de la démence, qui est son état *habituel* (1). » D'autre part, vous dites que l'interdit est dans un intervalle lucide ; soit, mais demain cette lumière passagère sera éteinte, et cette malheureuse intelligence sera rentrée dans les ténèbres. Est-ce qu'un pareil état peut se concilier avec les devoirs du mariage ? Les devoirs que le mariage impose survivent à sa célébration ; ils durent tant que dure le mariage ; bien plus, ils survivent souvent au mariage. Ne serait-ce pas un déplorable spectacle que celui d'un interdit incapable de comprendre et de remplir les devoirs de la famille, incapable, surtout si c'est le mari, d'exercer ses obligations d'époux et de père ?

5° Enfin, on s'est fait une arme des périls auxquels le système que nous nous proposons de défendre livrerait les malheureux interdits, des manœuvres dolosives et des spéculations honteuses dont ils seraient l'objet, spéculations dont le succès serait d'autant plus facile que six mois de résidence dans une commune suffisent pour pouvoir y contracter mariage.

De tous ces motifs, on conclut que l'interdit est absolument incapable de contracter mariage, même pendant un intervalle lucide (2).

(1) *Nouveau Denizart*, t. VIII, vᵒ EMPÉCHEMENTS DE MARIAGE, p. 528.
(2) Aux autorités citées plus haut (p. 145), *junge* Merlin, *Répert.*

Ces motifs sont assurément fort graves ; je ne prétends pas le contester. Toutefois, je ne saurais me rallier à la conclusion qu'on en tire ; je ne saurais me résigner à croire que la loi ait voulu, dans un but de protection, éteindre absolument et indistinctement dans la personne d'un citoyen le droit le plus précieux, le plus cher à l'homme, celui de contracter mariage. Je ne saurais, dis-je, accepter cette conclusion, à moins qu'elle ne fût écrite dans un texte formel ; et j'espère pouvoir démontrer qu'il n'en est rien.

1° J'aborde le premier ordre d'arguments invoqués par la doctrine contraire : les arguments de texte. Et d'abord, l'art. 146 : *Il n'y a pas de mariage lorsqu'il n'y a point de consentement.* D'où l'on conclut que l'interdit, légalement incapable de consentir, est par cela même incapable de contracter mariage.

Mais, d'abord, on se contente d'affirmer que l'art. 146 ne parle pas seulement du consentement de fait, mais encore du consentement légal. On oublie que le mariage est un contrat tout à fait à part, pour lequel la loi a fait une théorie spéciale et complète, et qu'il ne faut pas dès lors s'étonner d'y trouver des principes que le législateur avait déjà posés ailleurs.

Mais je vais plus loin, et j'admets l'interprétation qu'on donne de l'art. 146. L'argument qu'on en tire n'en est pas moins une pure pétition de principe ; car il suppose *a priori* que l'interdit est légalement incapable de consentir

---

V° EMPÊCHEMENTS, § 3, n° 1. — MM. Massé et Vergé, sur Zachariæ t., I, p. 170. — Dalloz, *Répert.*, V° MARIAGE, n° 207.

au mariage ; or, c'est là ce qui est en question, c'est là ce que nous contestons ; nous prétendons, au contraire, que l'incapacité permanente de l'interdit ne s'applique pas au mariage, acte personnel s'il en fut jamais, et dans lequel apparemment l'interdit ne peut pas être représenté par son tuteur.

Ce que je tiens à bien préciser ici, c'est que la prétendue incapacité de l'interdit relativement au mariage ne peut pas résulter de l'art. 146 pris isolément ; et cela me paraît clair jusqu'à l'évidence, puisque cet article n'en dit pas un mot. On dit que le mariage du mort civilement serait tombé sous le coup de l'art. 146, et que, par conséquent, le mariage de l'interdit doit y tomber aussi (Marcadé). J'accepte la comparaison ; mais, est-ce en vertu de l'art. 146, pris isolément, que le mariage du mort civilement eût été déclaré nul ? Assurément non ; et c'est parce que l'art. 25 avait dit déjà : *Il* (le condamné frappé de mort civile) *est incapable de contracter un mariage qui produise aucun effet civil*. Donc aussi, avant de conclure que le mariage de l'interdit est nul, aux termes de l'art. 146, pour défaut de consentement légal, il faut citer préalablement une loi qui déclare l'interdit légalement incapable de consentir au mariage. Or, cette loi ne peut être que l'art. 502. Mais vous allez voir que l'argument est dangereux. Voici, en effet, le dilemme que je pose à l'opinion contraire, et auquel il lui sera peut-être difficile d'échapper. De deux choses l'une :

Ou l'art. 502 s'applique au mariage de l'interdit, ou il ne s'y applique pas.

Si l'art. 502 ne s'applique pas au mariage, je demande

le texte en vertu duquel on le défend à l'interdit. Car enfin, une incapacité quelconque, et surtout une incapacité de ce genre, ne peut résulter que d'un texte ; elle ne résulterait pas même, notons-le bien, des déclarations les plus formelles des législateurs, si ces déclarations ne sont pas devenues loi (et nous nous réservons d'apprécier bientôt la valeur de celles qu'on invoque). Mais ce qui me paraît incontestable, c'est qu'il faut un texte pour créer une incapacité. J'insiste à dessein sur ce point ; en effet, l'unique base sur laquelle Marcadé fonde sa théorie me paraît être l'art. 146 : « *Le mariage contracté par l'inter-* « *dit reste sans existence, pour défaut de consentement* « *légal, par application de l'art.* 146, dit Marcadé ; « *c'est dans ce sens que l'art.* 146 *a été rédigé* (1). » Et M. Pont se place au même point de vue, quand il dit, en terminant l'article dont nous avons déjà parlé : « . . . *Ainsi, nous avons placé la question en dehors du* « *titre de l'interdiction, et par là, nous avons répondu à la* « *pensée de l'arrêt de 1844, qui considérait comme étran-* « *gère au mariage la disposition de l'art.* 502. Mais si nous « renfermons la question dans le titre du mariage, si ce « titre nous semble se suffire à lui-même et à la solution « de la difficulté, ce n'est pas à dire que l'art. 502 ne « doive exercer aucune influence. Il exerce, au contraire, « *une influence morale* dont il faut grandement tenir compte : « il est le principe d'un argument *a fortiori* qui vient « fournir le plus puissant appui aux *inductions* qui se « tirent des art. 146 et 180 (2). »

(1) Marcadé, t. I, p. 459.
(2) M. Paul Pont, *Revue Wolowski,* 1845, t. III, p. 239.

On le voit, cette théorie prétend se mettre en dehors de l'art. 502, et fonde l'incapacité de l'interdit uniquement sur l'art. 146, sous prétexte qu'il a été rédigé en ce sens. Or, voilà ce qu'il m'est impossible d'admettre. L'art. 146 ne dit pas un mot de l'interdit ; par conséquent, vous ne pouvez pas déclarer l'interdit incapable de contracter mariage en vertu de l'art 146, quelles qu'aient été d'ailleurs les explications des législateurs à cet égard ; et, fût-il manifestement prouvé qu'ils l'ont ainsi entendu, je répondrais : Ils l'ont voulu, soit ; mais ils ne l'ont pas dit.

C'est sur de simples *inductions* (je me sers de l'expression de M. Pont lui-même) que l'on veut créer une incapacité ; eh bien ! je ne puis que me répéter : une incapacité quelconque ne peut résulter que d'un texte formel ; ce texte ne peut pas être l'art. 146, qui n'en dit pas un mot ; si maintenant ce n'est pas l'art. 502, je demande quel est ce texte !

Que si, au contraire, on prétend appliquer l'art. 502 au mariage de l'interdit, mais alors ce mariage est nul, dans les termes de l'art. 502, nul, par conséquent, d'une nullité, non pas absolue, mais relative ; car enfin, il faut être logique : remarquez bien que le texte ne dit pas : « *L'interdit est légalement incapable de donner un consentement valable.* » Ah ! s'il était ainsi formulé, je comprendrais que l'on raisonnât de la sorte : le texte pose le principe, c'est à nous d'en tirer les conséquences : or, la conséquence du défaut de consentement en matière de mariage est la nullité absolue. — Mais le texte ne dit pas cela : il ne détermine pas principalement la capacité de

l'interdit ; il la détermine seulement par voie de conséquence, et en fixant la valeur juridique de ses actes, il
dit : *Tous actes passés par l'interdit seront nuls de droit.*
Eh bien ! donc, si vous prétendez que ce mot « *tous actes* »
comprend le mariage, vous reconnaissez par là même que
le mariage de l'interdit est frappé de nullité, non pas par
l'art. 146, mais par l'art. 502 ; or, nous savons que la
nullité de l'art. 502 est une nullité relative. J'insiste sur
ce point ; car il me paraît la condamnation du système
que je combats : encore une fois, le seul texte qu'on puisse
invoquer pour déclarer l'interdit incapable de contracter
mariage, c'est l'art. 502. Or, cet article ne dit pas :
l'interdit est incapable de faire aucun acte ; il fait plus : il
détermine la valeur juridique de tous les actes qu'il a pu
faire, et il déclare que *tous ses actes* (le mariage, par
conséquent, comme les autres, si, en effet, l'article
s'applique au mariage) sont nuls, mais d'une *nullité relative.* — Dira-t-on que la nullité des actes est un effet qui
suppose une cause, et que cette cause est l'incapacité de
consentir ? — Il faut s'entendre : la cause de la nullité
n'est pas dans l'incapacité même, elle est dans la présomption d'incapacité, et précisément le caractère de la
nullité est la réfutation de l'argument qu'on voudrait tirer
de cette présomption ; car il prouve, qu'en établissant cette
présomption, la loi prévoyait le cas possible où elle
serait en défaut ; elle prévoyait que l'acte pourrait être fait
pendant un intervalle lucide, et voilà bien pourquoi elle
fait de la nullité une nullité simplement relative. Autrement, et si l'interdit était toujours nécessairement incapable de consentir, il est évident que la nullité eût été

absolue. C'est donc se mettre en contradiction manifeste avec l'intention du législateur, que de conclure de la nullité qu'il prononce à une incapacité absolue de consentir.

Il me semble que tout cela est clair, et, à ce point de vue, il faut bien reconnaître que la doctrine de M. Duranton est plus logique que celle de Marcadé. — « *Mais*, pourtant, *les annulations de mariage ont leur système à part, et on ne peut appliquer ici aucune autre cause d'annulation que celles de ce chapitre.* » — A merveille ! et je suis tout à fait de cet avis ; mais c'est ce qui prouve que les deux doctrines que je combats se détruisent l'une l'autre. Voici, en effet, la conclusion à laquelle nous sommes maintenant invinciblement amenés :

Si le mariage contracté par l'interdit pendant un intervalle lucide est nul, ce ne peut être que d'une nullité absolue (art. 146) ; — or, d'une part, le seul texte en vertu duquel on puisse déclarer nul le mariage de l'interdit est l'art. 502, et, d'autre part, ce texte ne prononce pas une incapacité, mais une nullité et une nullité simplement relative ; — donc, le mariage contracté par l'interdit pendant un intervalle lucide n'est pas nul.

Et quant à l'argument que l'on a cru trouver dans l'art. 174-2°, il est loin d'être concluant : tout ce qui résulte de cet article, c'est que la démence elle-même est un obstacle au consentement, ce qui n'est d'ailleurs ni contesté, ni contestable ; ce qui en résulte encore, c'est que l'opposition fondée sur ce motif doit, afin de prouver la démence, poursuivre l'interdiction ; mais en résulte-t-il que l'interdiction soit, par elle-même et par elle seule, un empêchement de mariage ? C'est là ce que l'article ne dit en aucune façon, et cette conséquence n'a jamais existé que dans l'imagination de ceux qui ont cru l'y voir (1).

2° Je crois avoir ainsi suffisamment répondu aux arguments de texte : je passe à ceux que l'on a déduits des travaux préparatoires.

Il faut convenir qu'ils paraissent, à première vue, très-favorables à la doctrine contraire. Toutefois, avant de les discuter, je veux rappeler un principe que j'ai énoncé déjà et qui est de nature à diminuer singulièrement la valeur de l'argument que l'on prétend tirer des travaux préparatoires, à savoir qu'une incapacité quelconque ne peut résulter que d'un texte positif, et que, quelles que soient les déclarations plus ou moins formelles des législateurs à cet égard, si ces déclarations n'ont pas acquis force de loi en passant dans un texte législatif, on ne peut pas, on ne doit pas en tenir compte. Si donc nous avons réussi à démontrer qu'aucun texte ne déclare l'interdit incapable de contracter mariage, les discussions préparatoires que l'on invoque contre nous perdent toute leur importance.

Et maintenant, est-il bien certain que ces discussions soient si favorables à l'opinion que je combats ? N'y a-t-il pas au moins des doutes très-sérieux ? Dans la séance à la suite de laquelle l'art. 3 du projet de la commission fut supprimé, il ne fut question que du sourd-muet ; on fit plusieurs observations, surtout le premier consul, contre la disposition qui déclarait les sourds-muets incapables de contracter mariage. « *Le mariage étant un contrat,*

______

(1) En tous cas, il ne résulterait de l'art. 174 - 2° qu'un empêchement prohibitif. C'est la doctrine de MM. Aubry et Rau.

disait le premier consul, *et tout contrat se formant par le
« consentement, on conçoit que celui qui ne peut exprimer
son consentement ne peutpas se marier* ; mais le sourd-
muet... (†) » Dans tout ceci, il n'est question que du consentement de fait ; on n'entendait interdire le mariage qu'à
celui *qui ne peut exprimer son consentement* ; c'est ce qui résulte de la discussion tout entière. Et quand, après cette
discussion, le consul Cambacérès propose de supprimer
l'article, parce que les dispositions qu'il contient ne sont
que des conséquences naturelles de la règle générale qui
exige pour le mariage un consentement valable, n'avons-
nous pas le droit de conclure qu'on ne s'est occupé dans
tout cela que du consentement naturel, et que, si on
défendait le mariage à l'interdit, c'était non à cause de
son interdiction, mais à cause de son état de démence. Il
est vrai que lors de la communication officieuse qui lui
fut faite du projet, le Tribunat demanda un article qui
établit comme règle certaine que *l'interdit pour cause de
démence est, en fait de mariage, hors d'état de donner
un consentement valable, lors même qu'il aurait des
intervalles lucides.* — Mais précisément, cet amendement fut rejeté. On dit que c'est par le motif qui avait déjà
fait rejeter l'art. 3 du projet ; mais cela ne me paraît pas
parfaitement démontré. M. Zachariæ, lui, y voit la preuve
que l'on n'a pas voulu prononcer la nullité, et il faut bien
reconnaître que ses déductions paraissent pleines de raison :

« Le mariage contracté pendant un intervalle lucide par
« une personne atteinte de fureur ou de démence, *dit-il*,
« était autrefois regardé comme valable. Contrairement à

(1) Fenet, Code civil, t. IX, p. 9.

« cette opinion, le Tribunat avait demandé que l'interdit
« pour cause de démence ou de fureur fût déclaré absolu-
« ment incapable de contracter mariage, même pendant
« un intervalle lucide ; mais cette demande ne fut pas
« accueillie, et l'article proposé par le Tribunat n'a pas
« passé dans le Code. Il faut en conclure que l'état habi-
« tuel de démence ou de fureur ne forme pas par lui-même
« un empêchement dirimant au mariage, quand même la
« personne qui se trouve dans cet état aurait été antérieu-
« rement interdite. »

A coup sûr, ce ne serait pas la première fois qu'un
projet serait rejeté, sans que les motifs de ce rejet nous
fussent expliqués. Maintenant, que le conseiller d'État
Emmery ait déclaré, dans l'*Exposé des motifs* que l'interdit ne peut se marier, c'est là une déclaration toute personnelle, d'une part, et qui, d'autre part, soulève toujours
les mêmes doutes : a-t-il entendu dire par là que l'interdit
est toujours et quand même incapable de se marier, ou
seulement qu'il est incapable à cause de son état de démence ?

De tout cela, il me paraît résulter qu'on peut interpré-
ter diversement le sens de ces discussions.

Quoi qu'il en soit, je termine par où j'ai commencé :
quelles que soient les déclarations plus ou moins contradictoires qui se sont produites, et les diverses rédactions
qui en ont été la suite, ces déclarations ne sont pas des
lois, et elles ne sauraient créer une incapacité qui finale-
ment n'est pas écrite dans nos textes. Le résultat est toujours, en pareil cas, ce qu'il y a de plus certain, et surtout ce qu'il y a seulement de légal et d'obligatoire.

3° En troisième lieu, on tire argument du silence gardé par le législateur sur les conventions matrimoniales de l'interdit, et j'ai dit moi-même que cet argument était encore corroboré par l'art. 511.

Mais, répond M. Demolombe, le prodigue peut se marier sans l'assistance de personne, et pourtant il ne peut pas consentir seul ses conventions matrimoniales : donc l'argument n'est pas probant.

Je réponds, en outre, que ce silence du législateur, qui ne serait après tout qu'une simple présomption, et qui ne fournirait dès lors qu'un argument tout à fait inconcluant en matière d'incapacité, s'explique d'ailleurs tout naturellement dans notre système. Nous reconnaissons à l'interdit, pendant un intervalle lucide, le droit et de se marier et de disposer de ses biens par donation entre-vifs ou par testament. Ceci posé, nous ne voyons pas pourquoi l'interdit qui est dans un intervalle lucide (sans quoi, il ne serait pas plus capable de se marier que de faire donation) ne pourrait pas consentir seul des conventions matrimoniales. *Habilis ad nuptias, habilis ad pacta nuptialia.* C'est là un principe de droit que notre législateur moderne a consacré ; il est remarquable qu'il a fait du contrat de mariage un contrat spécial, soumis aux mêmes conditions que le mariage lui-même quant à la capacité nécessaire pour le consentir (art. 1398). C'est plus qu'un principe de droit, c'est un principe de raison : Qui veut la fin, veut les moyens !

M. Demolombe a enseigné que l'art. 511 sera applicable *a fortiori* lorsqu'il sera question du mariage de l'interdit ; et il a remarqué, non sans raison, que, par ce moyen, on obtenait cette importante conséquence de soumettre indirectement la question du mariage lui-même à la sagesse du conseil de famille. Ceci se rattache à la doctrine que le savant professeur avait enseignée d'abord, et d'après laquelle l'interdit ne serait jamais capable de faire une donation entre-vifs. Mais nous ne saurions admettre cette transaction, qui nous paraît compromettante, et nous pensons, comme M. Demolombe l'a professé depuis, qu'il n'y a sous ce rapport, aucune différence à faire entre la donation et les autres actes essentiellement personnels. Dès lors, je ne vois plus bien ce que l'art. 511 viendrait faire ici ; car cet article a pour base ce principe que la donation n'est pas un acte d'administration, et qu'elle excède les pouvoirs du tuteur ; mais, dès qu'on reconnaît qu'elle pourra valablement être faite par l'interdit lui-même, il n'y a plus de motifs, ce me semble, pour faire intervenir là le conseil de famille ; et j'ajoute qu'en droit et en raison, je ne trouve pas cette intervention si désirable. Craint-on que l'interdit ne soit pas dans un intervalle très-lucide ? Que le conseil de famille fasse faire opposition au mariage. Que s'il n'y a aucun doute possible sur la lucidité d'esprit de l'interdit, je ne vois pas bien la nécessité de soumettre sa volonté au contrôle du conseil de famille, qui peut être fort bien intentionné, je l'admets, mais qui, après tout, pourrait bien n'avoir pas les mêmes raisons que l'interdit de trouver bon le mariage en question. Et si notre théorie est exacte, le silence du législateur s'explique de lui-même : c'est qu'il n'avait effectivement rien à dire.

4° J'arrive au quatrième ordre d'arguments mis en

avant par la doctrine contraire, elle invoque les principes du mariage et les devoirs qu'il impose.

Le mariage a pour fin, dit-on, et la procréation des enfants, et la société intime des époux ; or, il ne peut y avoir de société intime avec un insensé qui a des intervalles lucides.

Je réponds : la procréation des enfants est aussi, vous le reconnaissez, une des fins du mariage, et, si je ne me trompe, la principale ; or, l'impuissance est un obstacle permanent à cette procréation, et pourtant je ne sache pas qu'elle figure au nombre des empêchements de mariage.

Mais je vais plus loin : je nie que la démence soit nécessairement exclusive de toute société des époux. Qui vous dit que l'époux qui, en pleine connaissance de cause, unit sa destinée avec celle du malheureux dont nous nous occupons, ne le fait pas précisément dans l'intention d'être toujours à ses côtés pour soulager son infortune, pour apaiser autant que possible par le contact incessant d'une intelligence calme et d'un cœur dévoué, les orages de cette intelligence troublée, et peut-être pour la ramener à la raison ? Enfin, l'argument prouve trop : en effet, il conduirait à défendre, d'une manière absolue, le mariage même à l'insensé qui n'a pas été interdit ; et telle était effectivement la théorie de l'auteur qui l'a formulé sous l'ancien droit ; mais on n'oserait pas soutenir aujourd'hui une pareille conclusion.

Mais les devoirs du mariage survivent à sa célébration, et l'interdit sera incapable de les remplir.

Je réponds : les devoirs du mariage ne sont pas de l'essence du contrat : ils n'en sont que la conséquence ;

et si, par exemple, un individu est frappé d'aliénation mentale le lendemain de son mariage, personne ne songera à prétendre que le mariage est dissous ; cependant, il ne pourra pas, lui non plus, remplir les devoirs du mariage.

Je réponds ensuite que, si c'est la femme interdite qui se marie, l'argument ne vient même pas ; car elle n'a pas d'autorité maritale, ni de puissance paternelle à exercer ; et que, même dans le cas où il s'agit du mari, ce n'est là, après tout, qu'un argument d'inconvénient, qui, en pareille matière, est loin d'être concluant. Eh bien ! la justice autorisera la femme à sa place (art. 222), et, quant à la puissance paternelle, la mère l'exercera pour lui. Je réponds enfin ce que j'ai déjà répondu tout à l'heure ; suivez logiquement cet argument, et vous arriverez à déclarer que l'insensé, non interdit, est absolument incapable de contracter mariage, même pendant un intervalle lucide !

5° Enfin, dit-on, voilà le malheureux interdit livré à toutes les manœuvres et à toutes les spéculations de la cupidité, et rien ne sera plus facile que de le *faire marier* par l'officier de l'état civil d'une commune dans laquelle il aura résidé pendant six mois, et où son interdiction ne sera pas connue.

Je fais à cette objection trois réponses pour une :

1° Est-il admissible qu'un interdit soit assez peu surveillé pour en venir jusqu'à la célébration d'un mariage, sans que son tuteur, sans qu'aucun des siens ne s'en doute ?

2° Ne faudra-t-il pas toujours des publications au lieu de

son dernier domicile, et dès lors la famille ne sera-t-elle pas avertie (art. 167) ?

3° Et puis enfin, je ne vois pas très-bien la portée de l'objection, car elle s'adresse à tous les systèmes. De deux choses l'une : ou l'interdit est véritablement dans un intervalle lucide, et alors l'objection est sans valeur ; ou il n'y est pas, et alors nous reconnaissons que son mariage est nul, ainsi que les donations qui l'accompagnent (et dont l'excès même prouvera le plus souvent alors l'insanité d'esprit) ; mais il me semble que le danger que l'on signale est le même dans tous les systèmes.

MM. Massé et Vergé (1) ont fait encore, en faveur du système de la nullité, un argument auquel je veux répondre ; je l'ai réservé, parce qu'il appartient à un ordre d'idées particulier. Voici la théorie de ces auteurs : « Nous « croyons qu'il y a lieu de distinguer entre les contrats et « les actes d'aliénation qui ne peuvent être faits que par « le tuteur de l'interdit qui le représente, et les actes « qui, n'ayant pas le caractère d'un contrat ou d'une « aliénation, mais qui n'étant que la simple reconnaissance « d'un fait personnel à l'interdit, ou une simple manifes- « tation de volonté, ne peuvent être faits par lui : tels que « la reconnaissance d'un enfant naturel et les testaments. « Ces actes, dans lesquels ne peut évidemment pas in- « tervenir le tuteur, ne sont nuls qu'autant qu'il n'est pas « prouvé que l'interdit les a faits dans un intervalle lucide. « Mais cette distinction ne s'applique pas au mariage, qui « est un contrat d'une nature particulière, que l'interdit

(1 Massé et Vergé, sur Zachariæ, 1, p. 471, note 1.

« ne peut pas faire dans un intervalle lucide, *parce que*
« *son interdiction le rend personnellement incapable de*
« *contracter, sans distinction de temps.* »

Je doute fort que cette distinction entre les contrats,
d'une part, et les actes unilatéraux, d'autre part, repose
sur une base solide. Est-ce sur l'art. 502 qu'on prétend
la fonder ? Mais cet article se sert, au contraire, du mot
le plus général : *tous actes passés par l'interdit....*; et
ceci nous fournit même l'occasion de remarquer que
l'art. 502, pris à la lettre, s'appliquerait difficilement au
mariage ; car on n'a jamais dit d'un homme qui se marie
qu'il *passe un acte.* Certes, ces termes seraient beaucoup
mieux appropriés au testament qu'au mariage, quoique le
premier soit un acte de volonté unilatérale, et que le
second soit un contrat. MM. Massé et Vergé voudraient-
ils argumenter de l'art. 1124 ? Mais cet article, placé au
titre *Des contrats et des obligations conventionnelles en
général,* ne saurait être appliqué au mariage, contrat
tout spécial, et qui a ses règles à part, tant sur la capacité requise dans la personne des contractants que sur les
causes de nullité du contrat. Autrement, il faudrait dire
que les mineurs, eux aussi, sont incapables de contracter
mariage ; car l'art. 1124 s'applique et aux mineurs et aux
interdits. Donc, l'art. 1124 est manifestement inconcluant.
Nous sommes, dès lors, autorisé à dire que la distinction
de MM. Massé et Vergé n'a aucune base dans la loi, et
qu'elle ne peut servir à la solution de la question.

Jusqu'ici, je suis resté sur la défensive ; je crois avoir
répondu à tous les arguments de la doctrine contraire.
Et maintenant je vais l'attaquer à mon tour ; mais qu'il

me soit permis de faire remarquer ici encore, qu'en réfutant la théorie que je combats, j'ai édifié celle que je défends ; car la capacité est la règle, et c'est à celui qui allègue une incapacité à la prouver.

Les quelques observations que je veux présenter encore ne serviront donc qu'à corroborer une doctrine déjà établie :

1° Si, comme on le prétend, l'interdiction est, par ellemême et par elle seule, un obstacle permanent au mariage de l'interdit, comment donc se fait-il que le tuteur ne puisse former opposition à ce mariage qu'avec l'autorisation du conseil de famille ? En effet, voici comment est est conçu l'art. 175, au titre *Des oppositions au mariage* :

Dans les deux cas prévus par le précédent article, le tuteur ou curateur ne pourra, pendant la durée de la tutelle ou curatelle, former opposition qu'autant qu'il y aura été autorisé par un conseil de famille.

Les deux cas prévus par le précédent article sont : 1° *lorsque le consentement du conseil de famille, requis par l'art.* 160, *n'a pas été obtenu* ; 2° *lorsque l'opposition est fondée sur l'état de démence du futur époux*.

Le premier cas s'explique de lui-même : c'est celui où le futur époux mineur n'a pas obtenu, du conseil de famille, le consentement requis par l'art. 160. Mais le second est beaucoup plus embarrassant ; de deux choses l'une, en effet : ou le futur époux est mineur ou il est majeur. S'il est mineur, il est soumis, quant au mariage, soit à la puissance d'un ascendant, soit à celle d'un conseil de famille. Est-il soumis à la puissance d'un ascendant ? le tuteur ne peut pas former opposition du tout, car ce n'est que, *à défaut d'aucun ascendant*, que les collatéraux ou le tuteur autorisé par le conseil de famille peuvent former opposition (art. 174, 175). Au contraire, le mineur est-il soumis à un conseil de famille ? mais alors le conseil de famille n'a qu'à refuser son consentement et le tuteur, autorisé par lui, n'a qu'à former opposition pour défaut de consentement. Comme on le voit, il ne peut être question ici d'opposition fondée sur l'état de démence du futur époux, et le second cas se confond nécessairement avec le premier.

Et si, maintenant, on suppose le futur époux majeur, il n'y a plus ni tuteur, ni conseil de famille.

Il n'y a qu'un moyen de sortir de là, c'est de dire que l'art. 175-2° s'applique au cas d'un majeur interdit ; car e majeur interdit n'a pas besoin, lui, du consentement du conseil de famille pour contracter mariage (1). L'objection que l'on voudrait tirer contre cette interprétation de ce que l'art. 174, auquel renvoie l'art. 175, oblige l'opposant à poursuivre l'interdiction, d'où il suivrait qu'il prévoit seulement le cas où il n'y a pas eu interdiction précédente, cette objection, dis-je, ne serait pas sérieuse ; car, s'il est vrai que l'art. 174 a principalement en vue l'opposition fondée sur la démence elle-même ; s'il est vrai qu'il exige que l'opposant, afin de prouver la démence, poursuivre l'interdiction, il n'exclut pas pour cela sans doute l'opposition fondée sur la démence déjà cons-

(1) Nous réfuterons ultérieurement la doctrine contraire de M. Zachariæ sur ce point.

tatée judiciairement par une interdiction précédente ;
et il nous paraitrait étrange que les collatéraux désignés
dans l'art. 174 ne pussent pas former opposition pour
cause de démence au mariage de leur parent majeur et
déjà interdit, c'est-à-dire alors qu'ils auraient déjà en
main, et toute faite, la preuve que l'art. 174 exige qu'ils
fassent (1).

Donc, l'art. 175-2° s'applique au majeur interdit ; et
c'est bien là ce que reconnaissent eux-mêmes les partisans
de la doctrine contraire : « *En effet*, dit Marcadé, *nous
« avons vu que cet article (175) ne peut recevoir son entière
« application que dans le cas d'un futur époux qui peut se
« marier sans consentement d'ascendants et de la famille, et
« qui pourtant est soumis à un conseil de famille; or, ce cas
« ne peut être que celui d'un majeur interdit (2).* »

(1) M. Valette, *Explic. somm. du livr. I du C. N.*, fait à cette interprétation que nous donnons de l'art. 175 l'objection suivante : « *Est-il
« probable* », dit-il, « *que l'on ait voulu employer le mot* TUTEUR *dans
« un sens limité au cas d'interdiction, tandis que le nombre des mineurs
« en tutelle est incontestablement bien supérieur à celui des interdits.* »
— Mais il n'est nullement besoin, ce me semble, de supposer cette
restriction, et elle n'est même pas possible ; car le premier cas se rapporte au mineur et ne peut se rapporter qu'à lui ; donc le mot *tuteur*
est général, et signifie tout à la fois *tuteur du mineur* et *tuteur de
l'interdit.* Et cela répond en même temps à l'objection tirée par l'éminent jurisconsulte du mot « *curateur.* » Sans doute, les mineurs émancipés sont seuls en curatelle ; mais ce qui n'est pas moins incontestable, c'est que le curateur ne peut faire opposition que dans le premier
cas, et que, relativement au mineur émancipé de même qu'au mineur
non émancipé, le second cas se confond avec le premier.
Enfin, M. Valette, en repoussant l'interprétation que nous donnons
de l'art. 175, est obligé de reconnaître que *cet article est rédigé d'une
manière vicieuse, et qu'il ne régit pas deux cas, mais bien un seul.* Ce
qui revient à dire que l'art. 175, dans sa seconde disposition, est un
non-sens ; or c'est là une conclusion que nous ne saurions admettre.
(2) Marcadé, t. I, *Observat. prélim. du ch. IV du Mariage*, n° II.

C'est parfaitement vrai ; mais alors il faut croire que la loi est bien inconséquente, si elle a déclaré l'interdit toujours et quand même incapable de contracter mariage, comme on le prétend. Comment ! l'interdiction est, par elle-même et par elle seule, un obstacle permanent au mariage ; le mariage qui serait contracté dans cet état serait nécessairement nul, et nul d'une nullité absolue ; et il faudra au tuteur, pour s'opposer à un pareil mariage, l'autorisation du conseil de famille ! Mais, en vérité, cela ne se comprendrait pas, et nous avons le droit de conclure de l'art. 175 que la loi n'a pas, en effet, défendu le mariage à l'interdit d'une manière absolue, que le seul empêchement à ce mariage, ce n'est pas l'interdiction elle-même, mais la démence ; et que, la démence cessant, le mariage devient possible.

2° Il n'est pas impossible qu'un sourd-muet soit interdit ; cette mesure peut être nécessaire, si, par exemple, il a des biens considérables qu'il soit totalement incapable d'administrer : dans ce cas, on devra prononcer l'interdiction pour cause *d'imbécillité*.

Eh bien ! déclarerez-vous cet interdit absolument incapable de contracter mariage, s'il est en fait parfaitement capable de manifester, à cet égard, son consentement ? Si vous dites oui, vous vous mettez cette fois en opposition avec les déclarations très-formelles des législateurs, déclarations à la suite desquelles l'art. 3 du projet fut supprimé, et vous arrivez en même temps à une conclusion véritablement intolérable ! — Et si maintenant vous reconnaissez que le sourd-muet interdit peut se marier, quand il est capable de donner son consentement au mariage, pourquoi donc n'en serait-il pas de même de l'insensé interdit sous la même condition? Cette différence ne se justifierait pas ; car les arguments sont de tous points les mêmes.

J'insiste sur ce point, car il me parait capital. Il y a, si je ne me trompe, telle hypothèse de fait en présence de laquelle la doctrine que je combats devrait nécessairement mettre bas les armes ; et je n'ai pas besoin, pour le prouver, de faire des hypothèses imaginaires ; je n'ai qu'à rappeler les faits d'une espèce très-réelle, sur laquelle est intervenu le fameux arrêt du 12 novembre 1844, qu'on a tant critiqué :

En octobre 1832, un sieur Delaunay passe avec une demoiselle Millet un contrat de mariage auquel il n'est pas donné suite, vu le refus du père de Delaunay, refus fondé sur l'état de démence de celui-ci. Quelque temps après, la demoiselle Millet donne naissance à une fille, que Delaunay reconnait le 14 février 1834. L'interdiction de Delaunay est alors pousuivie par son père, et prononcée le 17 mars suivant, pour cause d'imbécillité et d'idiotisme. Puis le père Delaunay mourut. C'est alors que le fils voulut enfin conclure ce mariage tant désiré. Je le demande, en présence d'une pareille hypothèse, qui donc eût osé déclarer ce mariage impossible ? D'une part, on ne pouvait pas douter du consentement du futur ; ah ! ce n'était pas le caprice d'un fou que cette volonté depuis si longtemps persévérante, et qui malheureusement s'était traduite par des faits. D'autre part, le mariage était nécessaire, car il y avait une faute à réparer. On admet bien, en général, que l'interdit peut reconnaître un enfant naturel, pourquoi donc ne pourrait-il pas légitimer cet enfant par un mariage ? Pourquoi ne pourrait-il pas remplir envers la mère et envers l'enfant le plus sacré des devoirs ? Certes, ces faits étaient assez éloquents par eux-mêmes. Aussi, savez-vous ce qui arriva ? Delaunay demanda le consentement de sa mère, et sa mère consentit. Deux fois on demandá le consentement du conseil de famille, et deux fois le conseil de famille émit un avis favorable. On s'adressa même au procureur royal, et le procureur royal donna son approbation au mariage. Enfin, la dame Sillas Lenormand, sœur du futur, forma opposition au mariage, en vertu du droit qui lui était conféré par l'art. 174, et l'opposition fut rejetée par un jugement du 28 mars 1838, contre lequel on n'osa pas porter appel (1).

Et l'on s'étonne qu'en présence de ces faits la Cour de Cassation ait déclaré que l'interdit n'est pas absolument incapable de contracter mariage ; on s'en étonne, dis-je, sous prétexte qu'elle n'avait pas cette question à résoudre.

Mais, en supposant que cela fût vrai, c'est éluder la difficulté. Je la pose, cette question, aux partisans de la doctrine que je combats, et je ne crains pas d'affirmer que, quelle que soit leur solution, elle sera la condamnation de leur système.

3° Il est encore un argument que je veux présenter, quoiqu'il ait soulevé chez les partisans de la doctrine contraire une indignation que je ne puis m'empêcher de

(1) Cassation, 12 novembre 1844 (Sillas Lenormand C. Bisson) : S.-D., 1845-1-246.

croire un peu plus apparente que réelle : c'est que, d'après les témoignages les plus autorisés de la science médicale, le mariage peut être, dans certains cas, un moyen de rendre à l'interdit l'intelligence et la raison (*Diction. des sciences médicales*, t. VI, p. 104). Voici comment s'exprime, à cet égard, un spécialiste, dont je suis loin d'admettre les idées en droit et en législation, mais dont l'opinion en médecine me parait devoir faire autorité : « *Les statistiques prouvent que le mariage n'est pas moins favorable à l'intégrité des fonctions cérébrales qu'à celles des fonctions de tous les autres organes. L'interdire à tous les aliénés, c'est donc à la fois manquer aux règles de l'hygiène et assurer un tribut à l'immoralité* (1). »

On se récrie : c'est faire du mariage un remède pharmaceutique ! — Nul plus que nous n'a de respect pour la dignité du mariage ; et c'est pour cela qu'il faut que notre pensée soit bien comprise. Non, nous ne prétendons pas faire du mariage un nouveau remède à l'usage de la thérapeutique mentale. Cependant, il y a des faits certains, positifs, incontestables, qu'on ne détruit en aucune façon en prétendant n'en tenir aucun compte. L'union des sexes est une loi impérieuse de la nature. L'interdiction n'affranchit pas l'interdit de cette loi naturelle. Donc, en prohibant le mariage d'une manière absolue, on enlève à à l'interdit le seul moyen légitime de satisfaire à cette loi, à laquelle il reste soumis en fait, et on le place dans l'alternative suivante : ou bien de lui obéir en dehors des règles de la morale ; ou bien de lui résister, et alors la raison s'accorde avec la science et avec les chiffres de la

(1) M. de Castelnau : *Essai sur l'interdiction des aliénés*, p. 50.

statistique pour démontrer que cette résistance pourra avoir les plus déplorables conséquences sur son organisation. Ce sont là des faits indiscutables ; que je pose, que je ne commente pas, mais qui m'autorisent à dire, sans faire le moindre échec à la loi morale et à la dignité du mariage, que la loi, qui après tout n'est pas faite pour des dieux, mais pour des hommes, a dû tenir compte de ces considérations, et n'a pas dû prohiber le mariage de l'interdit d'une manière absolue.

Notre conclusion sera donc celle-ci :

L'art. 502 ne s'applique pas au mariage, acte essentiellement personnel, et régi uniquement par l'art. 146 : *Il n'y a pas de mariage lorsqu'il n'y a point de consentement.*

C'est ce qu'a positivement décidé la Cour de Cassation dans un des motifs énoncés dans l'arrêt de rejet du 12 novembre 1844, que nous citions tout à l'heure :

« . . . . . *Attendu que si, aux termes de l'art.* 502 « *du Code civil, tous actes passés par un interdit sont* « *nuls de droit, d'après le principe général que le con-* « *sentement est une des conditions essentielles des con -* « *trats, on ne peut en conclure que l'interdit soit absolu-* « *ment incapable de contracter mariage dans les in-* « *tervalles lucides.* »

Nous avons dit que ce considérant avait appelé, sur l'arrêt dont nous parlons, les critiques des auteurs. Quant à nous, nous ne saurions qu'y applaudir ; nous espérons que c'est là le commencement d'une ère nouvelle et que la Cour de Cassation restera fidèle à la doctrine qu'elle a émise incidemment dans cet arrêt ; car elle est, nous croyons du moins l'avoir démontré, la plus conforme aux textes, la plus conforme aux principes, et surtout la seule conforme à l'humanité (1).

Cette solution est aussi celle de Zachariæ et de ses savants annotateurs, MM. Aubry et Rau.

Toutefois, ces auteurs y ont mis une condition que nous ne saurions admettre : ils ont enseigné que « l'in- « dividu frappé d'interdiction à raison de son état habituel « de démence ou de fureur, peut valablement se marier « pendant un intervalle lucide, avec le consentement des « personnes sous l'autorité desquelles il se trouve placé « quant au mariage, c'est-à-dire avec le consentement de « ses ascendants, s'il en a, et avec le consentement du « conseil de famille, lorsqu'il n'a plus d'ascendants ou que « ces derniers sont dans l'impossibilité de manifester « leur volonté (2). »

Or, c'est là un amendement qui peut paraître désirable, mais qui ne nous paraît pas juridique.

On se fonde sur l'art. 509 : *L'interdit est assimilé au mineur pour sa personne et pour ses biens.* D'où l'on conclut que les art. 148, 150, 159 et 160, applicables au mineur, sont par cela même applicables à l'interdit. Mais nous avons déjà fait remarquer que le mariage a ses règles à part, sa théorie complète ; et c'est là seulement qu'il

---

(1) *Sic* : Demante, t. I, nᵒ 224 *bis.* — M. Demolombe, *Du mariage,* t. I, nᵒ 127. — M. Valette, *Explicat. somm. du livre I du C. N.,* p. 363, 364. — Troplong, *Contrat de mariage,* t. I, nᵒ 289. — Cassation, 12 nov, 1844 ; S.-D., 1845-1-246.

(2) Zachariæ, t. III, p. 283. — Le code du canton de Berne a consacré cette doctrine (art. 31 et 32). (Duchesne, *Du mariage suivant les législat. modernes,* p. 53). V. la note 1, p. 186.

faut chercher les principes concernant la capacité nécessaire pour le contracter. Il y a même, en fait de mariage, une minorité spéciale, fort distincte de la minorité ordinaire ; et tandis que celle-ci finit toujours à vingt-un ans, celle-là peut durer jusqu'à vingt-cinq ans ; même au-dessous de vingt-un ans, ces deux tutelles ne se confondent pas, puisque le mineur dépend, quant à l'une, de son tuteur et de son conseil de famille, et, quant à l'autre, de ses ascendants ou ascendantes seulement, s'il en a. Or, c'est au mineur ordinaire que l'art. 509 assimile l'interdit ; et, de plus, cette assimilation n'est faite que *relativement aux règles de la tutelle* ; ceci devient évident quand on lit la deuxième disposition de l'article qui n'est, nous l'avons prouvé ailleurs, que l'explication de la première : *Les lois sur la tutelle des mineurs s'appliqueront à la tutelle des interdits.* Donc, les art. 148 et suivants, qui ne sont pas des lois sur la *tutelle* des mineurs, ne s'appliquent pas aux interdits.

Et M. Zachariæ lui-même nous fournit un argument contre sa propre doctrine : car il refuse d'appliquer à l'interdit l'art. 182, qui est pourtant la sanction nécessaire des art. 148 et suivants ; si donc cet article n'est pas applicable à l'interdit, c'est que les articles qu'il a pour but de sanctionner ne lui sont pas non plus applicables.

Enfin, nous pouvons tirer de l'art. 175 un argument non moins décisif ; en effet, nous avons reconnu que cet article, dans sa seconde disposition, vise le cas d'un futur époux qui peut se marier *sans le consentement d'ascendants ou de la famille*, et qui pourtant est soumis à un conseil de famille ; nous avons reconnu aussi que ce ne peut être qu'un majeur interdit. Mais si l'on dit, comme M. Zachariæ, que l'interdit ne peut se marier sans le consentement de ses ascendants ou du conseil de famille, ce cas disparait, et l'art. 175-2° redevient un non-sens.

Donc l'interdit n'a besoin, pour contracter mariage pendant un intervalle lucide, du consentement de personne (1).

Nous venons de reconnaitre dans la personne de l'interdit la capacité, en principe, de contracter mariage pendant un intervalle lucide. M. Pont a écrit que *« suivi « dans ses conséquences les plus naturelles, ce principe, ainsi « posé d'une manière générale, ne servirait pas seulement à « maintenir contre l'action en nullité un mariage consommé, « mais encore qu'il fournirait à tout interdit un moyen puis- « sant de sommer, sous prétexte qu'il est dans un intervalle « lucide, l'officier de l'état civil de recevoir son acte de « mariage, à peine de dommages-intérêts (2). »*

(1) V. les autorités en ce sens, *supra*, p. 203. — V. aussi la réfutation du système de M. Zachariæ par Marcadé, t. 1. *Observ. prélim. du ch. IV de mariage*, n° II.

MM. Aubry et Rau ont depuis abandonné leur première opinion. Ils reconnaissent que le mariage contracté par un interdit dans un intervalle lucide est valable, même sans le consentement de ses ascendants ou du conseil de famille. L'interdiction judiciaire ne constitue qu'un empêchement prohibitif, en ce sens que l'opposition formée pour ce motif à la célébration du mariage par l'une des personnes désignées aux articles 173 à 175 devra en général être maintenue. Cependant ils apportent à cette règle un tempérament ; ils professent que le consentement que le conseil de famille donnerait au mariage de l'interdit devrait avoir pour résultat de faire écarter l'opposition d'un collatéral ; le rapprochement des art. 174 et 175 prouve, en effet, que le législateur a entendu laisser à cet égard un certain pouvoir d'appréciation au conseil de famille, puisque le tuteur n'est admis à former opposition au mariage de l'interdit qu'avec l'autorisation de ce conseil.

(Aubry et Rau, t. V, § 464, texte et note 6 ; § 454, texte et note 17).

(2) *Re e de législat. de M. Wolowski*, 1843, III, p. 251.

Il ne nous semble pas que notre principe conduise nécessairement à la conséquence qu'en déduit l'éminent magistrat. Ce que je me suis efforcé de démontrer, c'est que la présomption légale d'incapacité de l'art. 502, présomption irréfragable, *juris et de jure*, comme disaient nos anciens docteurs, ne s'applique pas au mariage.

Mais est-ce à dire que l'interdiction soit absolument sans influence ? Non, car elle est la constatation judiciaire d'un état *habituel* d'insanité d'esprit ; par conséquent, elle engendre nécessairement une présomption d'insanité d'esprit ; seulement, selon nous, ce n'est plus, en matière de mariage, une présomption légale, résultant du jugement d'interdiction, et contre laquelle aucune preuve contraire ne serait admissible ; c'est une présomption simple, résultant de l'état habituel de démence judiciairement constaté, et qui, dès lors, cédera devant la preuve contraire ; mais comme précisément la question de savoir si un insensé est dans un intervalle lucide est une question des plus délicates, nous croyons que l'officier de l'état civil, qui est le juge du consentement des parties, peut, sans encourir aucuns dommages-intérêts, se déclarer incompétent pour trancher cette question-là, et refuser de célébrer le mariage jusqu'à ce qu'une décision judiciaire lui ordonne de passer outre. Nous ne dirons pas, avec M. Demante, qu'il le *doit*, mais nous dirons qu'il le *peut*. D'ailleurs, l'officier de l'état civil a un autre moyen bien simple de mettre à couvert sa responsabilité, c'est de prévenir le tuteur, qui pourra former opposition au mariage, conformément à l'art. 175.

Nous avons encore sur cette grave et difficile théorie une question à résoudre :

Par qui et dans quel délai peut être attaqué le mariage contracté par un interdit ?

Notre réponse sera bien simple :

De deux choses l'une :

Ou le mariage a été contracté pendant un intervalle lucide, et alors il est pleinement valable, il est inattaquable ;

Ou il a été contracté en état de démence, et alors il est radicalement nul, *inexistant* ; d'où il suit que toute personne sera admise, en tout temps, à opposer, non pas la nullité du mariage, mais sa non-existence juridique.

Toutefois, la solution que nous donnons là n'est pas celle de la doctrine et de la jurisprudence ; on applique généralement au cas qui nous occupe les art. 180 et 181 ; en conséquence on décide :

1° Que le mariage ne peut être attaqué que par l'interdit lui-même ; 2° que sa demande n'est plus recevable s'il y a eu cohabitation continuée pendant six mois depuis la main-levée de l'interdiction.

Cette opinion invoque :

1° Les textes : l'art 146 correspond aux art. 180 et 181, comme l'art 148 correspond à l'art 182, comme les art. 161 et suivants correspondent à l'art. 184 ; autrement il faudrait dire que le législateur, dans ce titre complet des nullités de mariage, aurait passé sous silence le principe qu'il avait posé dans l'art. 146, et oublié d'insérer une disposition relative au défaut absolu de consentement.

Cela étant, c'est en vertu de l'art. 146 que le mariage de l'interdit peut être annulé ; donc il ne peut l'être que conformément aux art. 180 et 181 (M. Pont, *Revue de M. Wolowski*, 1845-III, p. 260).

2° Les principes : il résulte de tout le chapitre IV, au titre *Du mariage*, que les demandes en nullité de mariage ne peuvent être formées que par ceux qu'un texte de loi y autorise ; or, aucun texte ne donne à d'autres qu'à l'interdit lui-même le droit d'attaquer son mariage ;

3° Le mariage tient trop essentiellement à l'ordre public pour avoir été imprudemment livré à toutes les attaques des mauvaises passions (1).

Il nous parait facile de réfuter cette argumentation :

Et d'abord, cette espèce de correspondance symétrique que l'on veut établir entre les art. 146, 148, 161 et suiv., d'une part, et les art. 180, 182 et 184, d'autre part, et qui pourrait séduire à première vue, ne repose absolument sur rien, et la preuve en est dans l'art. 184, qui, d'après son texte même, vise des cas prévus par les art. 144 et 147.

Ceci posé, je nie que l'art. 180 vise le même cas que l'art. 146. Je le nie d'abord, parce que les termes des deux articles diffèrent essentiellement : *Il n'y a pas de mariage lorsqu'il n'y a point de consentement*, dit l'art. 146 ; *Le mariage qui a été contracté sans le consentement libre*

___

(1) *Sic* : Duranton, t. II, n° 31. — Merlin, *Répert.*, v⁰ MARIAGE, sect. v, § 2, art. 180, 1ʳ quest. — Troplong, *Contrat de mariage*, t. I, n⁰ 292. — Dalloz, *Répert.*, v⁰ MARIAGE. n⁰ 203. — Paris, 18 mai 1818. — Cassat., 9 janvier 1821. — Cassat, 12 novembre 1844 ; S. D., 45-1-246. — Colmar, 27 fevrier 1852.

des époux, dit l'art. 180. Ah ! la différence est grande entre ces deux hypothèses : dans le premier cas, défaut absolu de consentement ; par conséquent, le mariage est radicalement nul, inexistant ; *Il n'y a pas de mariage.* Dans le second cas, au contraire, consentement, mais consentement vicié, consentement qui n'a pas été libre ; par conséquent, le mariage est seulement annulable ; il y a mariage, puisque l'article dit : *le mariage qui a été con-tracté..... ne peut être attaqué que....* (art. 180) ; seule-ment, le consentement a été entaché d'un vice qui donne naissance à une action en nullité.

Donc, textuellement, l'hypothèse est toute différente.

Je le nie ensuite, parce que l'application de l'art. 180 au cas prévu par l'art. 146 me paraît contraire aux prin-cipes. L'opinion que je combats ne peut pas admettre que le législateur ait passé sous silence le principe qu'il avait posé dans l'art. 146, et qu'il ait *oublié* d'insérer dans le chapitre IV, *Des nullités de mariage,* une disposition relative au défaut absolu de consentement. — Mais vrai-ment il n'y a pas à s'étonner de cela, et il serait, au contraire, très-étonnant qu'il en fût autrement ; le titre même du chapitre IV exclut toute disposition visant l'art. 146 ; car, dans le cas de l'art. 146, il n'y a pas de ma-riage, et on ne peut pas *demander la nullité d'un mariage qui n'existe pas ;* on n'annule pas le néant.

Une dernière observation donnera à notre démons-tration le caractère de l'évidence : si, comme on le pré-tend, l'art. 180 correspond à l'art. 146, il faut dire que, réciproquement, l'art. 146 vise le cas de l'art. 180 ; et c'est bien là ce qu'on est obligé de reconnaître. De sorte que, dans ce système, la loi aurait fait du *défaut absolu de consentement* une simple nullité relative dans l'art. 180 (après avoir dit pourtant, dans l'art. 146, *qu'il n'y a pas de mariage*) ; et, d'autre part, elle aurait fait du consentement vicié par la violence ou l'erreur une cause de nullité absolue, dans l'art. 146 : or il faut, si je ne me trompe, prendre le contre-pied de ces deux propositions.

On a donc confondu deux choses essentiellement différentes : le mariage nul et le mariage annulable ; c'est de ce dernier seulement que s'occupe l'article 180.

Et nous avons répondu du même coup aux deux autres arguments que l'on a formulés : — 1° Il résulte de tout le chapitre IV que les demandes en nullité de mariage ne peuvent être formées que par ceux qu'un texte de loi y autorise ; — d'accord ; mais précisément, dans la question qui nous occupe, il n'y a pas de demande en nullité à former contre le mariage, puisqu'il n'y a pas de mariage ; — 2° Le mariage tient trop essentiellement à l'ordre public, pour avoir été livré à toutes les attaques des mauvaises passions ; — je le veux bien ; mais encore une fois cette considération ne peut pas être invoquée quand il n'y a point de mariage. Et puis, en fait, l'objection serait sans valeur : car, après tout, les magistrats, dans notre théorie, seront les juges souverains de la validité du mariage, et quand ils l'annuleront sur la demande de collatéraux, c'est qu'ils auront de bonnes raisons pour l'annuler.

Ajoutons que le système contraire conduirait à ce résultat, véritablement intolérable, que, l'interdit mourant en état d'interdiction, le mariage, même le plus extravagant, qu'il aurait contracté en état de démence, n'aurait jamais pu, à aucune époque, être attaqué par personne.

Cette conséquence me paraît inadmissible, et il me semble tout au moins qu'il ne faut pas hésiter à reconnaître au tuteur, autorisé par le conseil de famille, le droit de proposer la nullité du mariage contracté par l'interdit en état de démence.

En effet, le tuteur est chargé de veiller sur la personne de l'interdit (art. 509 et 450 combinés) ; et l'état de l'interdit exige même, à cet égard, une protection toute spéciale : donc le tuteur est par cela même chargé de le protéger contre les conséquences déplorables que pourrait avoir pour lui un mariage extravagant. Ajoutons que le tuteur est le mandataire légal de l'interdit et qu'il peut exercer en son nom tous les droits et actions qui lui compètent.

L'autorisation du conseil de famille nous paraît devoir être exigée . 1° par argument *a fortiori* de l'art. 175, qui exige cette autorisation, pour que le tuteur puisse former opposition au mariage de l'interdit ; 2° par argument *a fortiori* de l'art. 464, aux termes duquel *aucun tuteur ne pourra introduire en justice une action relative aux droits immobiliers du mineur..... sans l'autorisation du conseil de famille.*

Aussi, la plupart des partisans de la doctrine que j'ai combattue accordent au tuteur, autorisé par le conseil de famille, le droit de proposer la nullité (1). Mais ce tempé-

______
(1) *Sic :* Merlin, *Quest.*, t. VIII, v⁰ MARIAGE, § 12. — Dalloz, *Répert.*, v⁰ MARIAGE, n⁰ 209. — *Contra :* Duranton, t. III, n⁰ 30.

rament ne nous paraît pas suffisant, et nous persistons à croire que, le mariage contracté en état de démence étant inexistant, toute personne doit être admise, en tout temps, à opposer cette nullité (1).

Si nous résumons nos différentes solutions sur cette importante question du mariage de l'interdit, nous arrivons à la conclusion générale suivante :

L'interdit peut valablement contracter mariage, quand il est en fait capable de manifester sa volonté : le mariage contracté dans ces conditions est inattaquable.

Il le peut sans avoir besoin du consentement de ses ascendants ni de son conseil de famille.

Quant au mariage qu'il aurait contracté en état de démence, il est radicalement nul, inexistant : en conséquence, toute personne doit être admise, en tout temps, à opposer cette nullité.

Il est une question qui ne rentre pas nécessairement dans les limites de notre sujet, mais qui cependant y touche de si près que nous ne voulons pas quitter cette thèse importante du mariage de l'interdit sans en dire quelques mots.

Supposons que l'interdit se soit marié sans contrat, sous quel régime matrimonial les époux seront-ils placés ? La même question naîtrait dans l'hypothèse où le contrat de mariage serait annulé pour une cause quelconque, le mariage subsistant.

Plusieurs systèmes sont en présence :

---

(1) *Sic :* Marcadé. t. I, art. 146. — M. Demolombe, *Du mariage,* t. I, n° 129.

D'après les uns, il faudrait appliquer le régime de la séparation de biens. D'autres inclinent pour le régime exclusif de communauté. M. Bertauld se déclare pour le régime de la communauté réduite aux acquêts. Il dit que son système est moins arbitraire que celui qui donne la préférence à la séparation des biens ou à l'exclusion de communauté (*Questions pratiques et doctrinales*, T. 1, n° 620 et suiv).

M. Bertauld reconnaît donc que sa théorie est encore un peu arbitraire ; et voilà, en effet, pourquoi nous ne pouvons admettre ni l'un ni l'autre de ces systèmes : ils n'ont aucune base dans la loi.

Le régime qui gouvernera cette union sera celui que la loi a donné à tous ceux qui n'ont pas fait de contrat de mariage : le régime de la communauté légale.

L'article 1393 est absolu et nous ne voyons pas pourquoi il ne recevrait pas ici son application.

On dit que l'interdit n'aurait pas pu faire expressément les aliénations que peut comporter l'adoption du régime en communauté, et que la volonté présumée ne saurait avoir un effet que n'aurait pas la volonté exprimée. — Cette objection ne vient pas dans notre système, puisque nous reconnaissons à l'interdit dans un intervalle lucide le droit de faire lui-même son contrat de mariage.

§ 3.

L'interdit peut-il, pendant un intervalle lucide, disposer de ses biens par donation entre-vifs ou par testament ?

Sur cette question, trois systèmes se sont produits :

Le 1ᵉʳ système déclare l'interdit absolument incapable, même pendant une intervalle lucide, de disposer, soit par donation entre-vifs, soit par testament (1).

Le 2ᵉ distingue. — L'interdit est toujours incapable de faire une donation entre-vifs, mais il peut faire un testament pendant un intervalle lucide (2).

Le 3ᵉ aussi radical que le 1ᵉʳ, mais en sens contraire, professe que l'interdit peut, pendant un intervalle lucide, disposer de ses biens, soit par donation entre-vifs soit par testament (3).

J'écarte d'abord le système intermédiaire. Je crois en effet que la concession que l'on a voulu faire quant à la

______

(1) *Sic* : Toullier, t. V, nᵒ 57. — Taulier, t. IV, p. 21. — Leclerc, *Droit romain dans ses rapports avec le droit français*, t. II, p. 234. — Duranton, t. VIII, nᵒˢ 154-163. — Vazeille, sur l'art. 901, nᵒ 5. — Poujol, sur l'art. 902, nᵒ 6. — Zachariæ, t. V, p. 14, nᵒ 1. — Marcadé, art. 901, II. — Saintespès-Lescot, nᵒ 149. — Grenier, et Bayle Mouillard, sur Grenier, *Traité des donations*, t. I, nᵒ 104 et n. a. — Demante, t. IV, nᵒ 17 *bis*, III. — Troplong, *Donat. et testam.*, t. I, nᵒ 462. — M. de Castelnau, *Essai sur l'interd. des aliénés*. — M. Pont, *article précité*.

(2) *Sic* : Coin-Delisle, art. 901, nᵒ 10. — MM. Massé et Vergé, sur Zachariæ, t. III, p. 25, 26, note 4. — Et telle est aussi la doctrine que M. Demolombe avait d'abord enseignée : *De la minorité*, t. II, nᵒ 647.

(3) *Sic* : Merlin, *Répert.*, vᵒ INTERDIT, § 6, nᵒ 6 ; vᵒ TESTAMENT, section 1, § 1, art. 1, nᵒ 6. — M. Valette, *Explic. somm.*, p. 363, 364. — M. Demolombe, 3ᵉ édition *De la minorité*, t. II, nᵒ 643 *bis*. — Dalloz, *Répert.*, vᵒ DISPOSITIONS ENTRE-VIFS, nᵒ 218, qui pose le principe d'une manière générale, sans toutefois s'expliquer quant à la donation.

donation serait de nature à compromettre la théorie tout entière. On a voulu la justifier en disant qu'il n'y a pas d'assimilation possible entre la donation et le testament en ce qui concerne la capacité personnelle du disposant, et, à l'appui de ce principe, on a cité trois exemples :

La femme mariée peut tester sans autorisation, mais elle ne peut donner entre-vifs sans l'autorisation de son mari (art. 905).

L'individu soumis à un conseil judiciaire peut tester seul, mais ne peut donner sans l'assistance de son conseil (art. 513).

Le mineur, à seize ans, peut tester sur une certaine partie de ses biens, mais ne peut jamais donner entre-vifs (art. 903, 904) (1).

C'est très-vrai ; mais je doute que cela conduise nécessairement à la conclusion qu'on en tire ; car enfin, de deux choses l'une : ou l'art. 502 s'applique à tous les actes quelconques que peut faire l'interdit, et alors ce n'est pas le deuxième système, mais bien le premier qu'il faut suivre ; ou bien, au contraire, comme nous le prétendons avec le second système, l'art. 502 ne s'applique qu'aux actes dans lesquels l'interdit peut être représenté par son tuteur, et non pas aux actes essentiellement personnels ; cela étant, la donation est incontestablement un de ces actes personnels qui n'admettent pas de représentation : donc, l'art. 502 ne s'applique pas à la donation, et dès lors je demande en vertu de quel texte on déclarerait l'interdit incapable de faire une donation. Je vois bien que

(1) M. Demolombe, *De la minorité*, t. II, n° 647.

la loi a défendu la donation à la femme mariée, dans l'art. 905 ; à l'individu soumis à un conseil judiciaire, dans l'art. 513 ; au mineur enfin, dans l'art. 903 ; mais je ne vois pas, en dehors de l'art. 502, de texte qui la défende à l'interdit, et nous savons que l'art. 502 ne s'applique pas à la donation. D'où je conclus que l'interdit n'est pas incapable de faire une donation ; car enfin, une incapacité ne peut résulter que d'un texte formel, et un argument d'analogie, en pareille matière, serait tout à fait inconcluant. J'ajoute que l'analogie n'existe pas ; en effet, il y a une différence immense entre l'interdit dans un intervalle lucide et le mineur : l'interdit dans un intervalle lucide, mais c'est un majeur en pleine possession de sa raison ; tandis que le mineur n'a pas, en droit du moins, la pleine maturité de son jugement ; et la différence que nous signalons ici ne peut être méconnue par le système que nous essayons de réfuter, puisqu'il professe que l'interdit, dans un intervalle lucide, peut tester sans autre restriction que celles de droit commun (art. 913 et suiv.), tandis que le mineur ne peut jamais tester que *sur la moitié des biens dont la loi permet au majeur de disposer* (art. 904).

Si donc nous reprochons à la doctrine contraire de n'avoir pas osé accepter toutes les conséquences de son principe, il ne faut pas que le même reproche puisse nous être adressé. Et pourquoi donc ferions-nous exception en matière de donation ? Je crois, au contraire, que cette exception serait très-malheureuse, et qu'il peut se présenter des circonstances telles, qu'il serait vivement à regretter que l'interdit ne pût pas faire une donation, circonstances qui ne se rencontrent pas en minorité : par exemple, le cas où il voudrait faire, par donation entre-vifs, le partage anticipé de ses biens entre ses enfants. Rien, certes, ne serait plus sage et plus heureux qu'un pareil arrangement, et il serait vraiment très-regrettable qu'il fût impossible.

MM. Massé et Vergé ont fait encore, dans l'intérêt de ce deuxième système, qu'ils adoptent, un argument dont, pour ma part, je ne saisis pas bien la portée. Ils écartent, quant à la donation entre-vifs faite par l'interdit, l'application des art. 901, 502, 509 et 450 ; ils se fondent uniquement sur l'art. 511. Je transcris : « *L'art. 511 détermine quelles donations peuvent être faites par les interdits, et les conditions de ces donations : en dehors des cas et des formes prévus par cet article, toutes donations faites par les interdits sont nulles* (1). »

Mais, bien au contraire, l'art. 511 donne, non pas à l'interdit, mais au conseil de famille seul, sous la condition de l'homologation du tribunal, le droit de faire les donations dont il s'occupe : aussi je comprends parfaitement, quoique je ne l'admette pas et que j'espère y répondre, l'argument que Marcadé a tiré de là, et qui consiste à dire que, la loi ayant donné au tuteur seul, sur l'avis du conseil de famille, le droit de constituer une dot à l'enfant de l'interdit, c'est donc que cet interdit lui-même est incapable de faire une donation. Mais je ne comprends pas la valeur de l'argument *a contrario* de MM. Massé et Vergé : la loi devait tout naturellement prévoir le cas qu'elle a réglé dans l'art. 511 ; il s'agissait là d'une dot

______

(1) Massé et Vergé, sur Zacharie, t. III, p. 26, note.

à constituer à un moment donné, et il fallait bien dire par qui et comment elle le serait ; mais il me semble que cela ne préjuge absolument rien sur la question de savoir si un interdit peut faire une donation pendant un intervalle lucide.

Tels sont les motifs qui nous font penser que ce système intermédiaire est inadmissible, et qu'il faut dire, ou bien, avec le premier système, que l'interdit ne peut jamais faire ni une donation, ni un testament ; où, au contraire, avec le troisième système, qu'il peut faire, pendant un intervalle lucide, et une donation et un testament.

On sait d'avance que ce troisième système est le nôtre.

Indépendamment des arguments généraux que nous connaissons, et que je crois avoir réfutés, Marcadé présente, pour prouver que l'art. 502 s'applique aux actes gratuits comme aux actes onéreux, un double argument : l'un est déduit de l'art. 511, et l'autre de l'art. 509.

1° Art. 511. S'il est question pour un interdit de donner à son enfant une dot ou un avancement d'hoirie, la donation ne peut jamais être faite que par son tuteur, sur l'avis du conseil de famille ;

2° Art. 509. Aux termes de l'art. 509, l'interdit est assimilé au mineur pour sa personne et pour ses biens : or, le mineur ne peut pas faire de donation (art. 903) ; il ne peut pas non plus, en principe, faire de testament ; il ne le peut qu'après l'âge de seize ans, et pour la moitié de ses biens seulement (art. 904) ; mais cette exception est évidemment inapplicable à l'interdit, qui n'a pas nécessairement plus de raison dans la dixième ou la quinzième année de l'interdiction que dans la première ; donc l'interdit, assimilé au mineur , ne peut ni faire une donation, ni faire un testament (Marcadé, t. III, art. 901-II).

Il me parait facile de répondre :

On invoque d'abord l'art. 511. — Mais, outre que l'argument *a contrario* est loin d'être concluant, surtout quand on veut en faire résulter une incapacité, il me semble qu'il est ici sans aucune valeur. La disposition que renferme l'art. 511 est une disposition éminemment sage. Vous voulez argumenter de ce qu'il accorde le droit de consentir les conventions matrimoniales de l'enfant de l'interdit au conseil de famille, sous la condition de l'homologation du tribunal, et non point à l'interdit lui-même. Mais, vraiment, par quel effet magique l'interdit se trouverait-il dans un intervalle lucide, juste à point pour constituer une dot à son enfant? On oublie que l'état *habituel* de l'interdit est la démence, que c'est ce cas seulement que la loi devait prévoir, qu'elle devait prendre ses dispositions en conséquence de cet état *habituel*, et qu'elle n'avait pas à s'occuper du cas, possible sans doute, mais très-exceptionnel, où l'interdit se trouverait dans dans un intervalle lucide. En résumé, l'argument se réduit à ceci : la loi a déclaré que, vu l'état de démence de l'interdit, les conventions matrimoniales de son enfant seraient réglées par un avis du conseil de famille ; donc, l'interdit ne peut jamais, même pendant un intervalle lucide, faire une donation entre-vifs ou un testament. Ainsi formulé, je ne crois pas que l'argument soit très-concluant.

Quant à l'argument tiré de l'art. 509, je m'étonne de le trouver dans la bouche de celui qui avait ailleurs si bien réfuté la doctrine de Zachariæ, assimilant l'interdit au mineur, quant au mariage, par application de l'art, 509. Nous l'avons dit déjà, il ne faut pas isoler la première disposition de l'art. 509 de la seconde, qui en est le complément et l'explication. Quand l'article assimile l'interdit au mineur, cette assimilation n'est pas absolue : autrement, il faudrait dire que l'interdit peut se marier, peut reconnaître un enfant naturel, comme le mineur ; et c'est ainsi que Marcadé détruit lui-même sa propre doctrine par l'argument sur lequel il veut la fonder. Mais nous avons nous-même ailleurs répudié cet argument, qui méconnait le sens de l'art. 509 ; quand cet article assimile l'interdit au mineur, c'est seulement quant aux règles de la tutelle, et c'est en ce sens que *les lois sur la tutelle des mineurs s'appliqueront à la tutelle des interdits.* Or, les art. 903 et 904 ne sont pas, apparemment, des *lois sur la tutelle des mineurs,* et je n'en veux pour preuve que la place qu'ils occupent au titre *Des donations et des testaments.* Donc les art. 903 et 904 ne sont pas applicables à l'interdit. Et vraiment l'art. 904 me paraît némontrer jusqu'à l'évidence que ces dispositions ne sont faites que pour le mineur. — Il est vrai que, d'après Marcadé, ce n'est qu'une exception inapplicable à l'interdit. — Mais, d'une part, je ne vois pas très-bien où l'on trouve le caractère exceptionnel, et il me semble, au contraire, que c'est la règle au-dessus de seize ans ; — d'autre part, cela ne détruit en aucune façon la conclusion que je prétends tirer de là, à savoir que ces dispositions sont tout à fait étrangères à l'interdit.

Donc, le double argument de Marcadé n'est pas concluant.

Et maintenant, je maintiens contre cette théorie les arguments que j'ai présentés déjà sur la question générale. J'ajoute quelques observations encore :

1° On reconnaît généralement que l'art. 504 n'est applicable ni aux donations, ni aux testaments (1). — Mais on reconnaît par là même que la capacité de disposer à titre gratuit a ses règles à part, et que la seule question à se poser en pareille matière est celle qui est écrite dans l'art. 901 : le disposant était-il ou n'était-il pas sain d'esprit ? Par conséquent, on reconnaît que l'art. 502 n'est pas, lui non plus, applicable aux dispositions à titre gratuit.

C'est qu'en effet tous ces articles, 502, 503, 504, se tiennent d'une manière indissoluble, sont les anneaux de la même chaîne, et, si l'art. 504 n'est pas applicable aux actes à titre gratuit, l'art. 502 ne doit pas non plus leur être appliqué.

Marcadé fait à cet argument une réponse qui, si je ne me trompe, le laisse complètement debout :

« L'art 502, dit-il, pose un principe de droit commun
« quand il dit que, l'interdiction étant la proclamation lé-
« gale de la folie, elle entraîne l'annulation forcée de tous

(1) *Sic* : Merlin, *Répert.*, v° TESTAMENT, sect. I, art. 1, nᵒˢ 1 et 2. — Toullier, t. V, nᵒ 56. — Duranton, t. III, p. 787 ; t. VIII, p. 155. — Grenier, *Donations*, t. I, nᵒˢ 101 et 102. — Zachariæ, t. I, p. 261. — Marcadé, t. II, p. 244. — Coin-Delisle, art. 902, nᵒ 9. — M. Valette, sur Proudhon, t. II, p. 543 ; *Explication somm. etc.*, p. 370 et 371. — M. Demolombe, *De la minorité*, t. II, nᵒ 674. — Besançon, 19 décembre 1810 ; Sirey, 11-II-351. — Colmar, 17 juin 1812 ; Sirey, 13-II-43. — Cassation, 26 mai 1822 ; S. D., 22-I-349. — Cassation, 22 nov. 1827 S. D., 28-I-187. — Cassation, 7 mars 1864 ; S. D., 64-I-163.

« actes, sans permettre l'examen des faits ; l'art. 504, au
« contraire, apporte une règle dérogatoire au droit com-
« mun, quand il maintient, pour certains cas, des actes
« faits par des personnes privées de raison. Or, parce
« que la disposition dérogatoire de l'art. 504 ne s'appli-
« que pas à notre matière, est-ce une raison, est-ce
« même un prétexte plausible pour prétendre que le prin-
« cipe de droit commun de l'art. 502 ne peut pas s'y
« appliquer (1) ? »

L'argument pèche par sa base, et il me parait certain,
au contraire, que l'art. 502 ne contient pas un principe de
droit commun, mais bien une exception au droit commun ;
car, en droit commun , on apprécie en fait les actes d'un
individu, et on ne les déclare pas nuls *a priori* en vertu
d'une présomption légale ; et il me parait tout aussi dérogatoire au droit commun d'annuler, pour certains cas, des
actes faits par des personnes en pleine possession de leur
raison (comme est l'interdit pendant un intervalle lucide),
que de maintenir, pour certains cas, des actes faits par
des personnes privées de raison. Notre argument subsiste
dans toute sa force : vous n'appliquez pas aux dispositions
à titre gratuit l'art. 504 ; donc vous ne devez pas y appliquer non plus l'art. 502, qui, lui aussi, est une règle spéciale à la matière de l'interdiction.

2° Et, puisque nous sommes sur ce terrain, je veux
rappeler ici un argument que j'ai déjà formulé, je le sais,
mais qui a, en cette matière, une force toute particulière.
Nous avons, au titre *Des donations et des testaments*, un

______
(1) Marcadé, art. 901-11.

chapitre entier consacré aux règles sur la *capacité de disposer ou de recevoir par donation entre-vifs ou par testament*; c'est donc là, et non pas ailleurs, qu'il faut chercher les principes qui régissent cette capacité spéciale ; or, dans ce chapitre, la loi défend la donation au mineur ; elle ne lui permet le testament qu'à l'âge de seize ans, et jusqu'à concurrence de la moitié des biens ; elle défend la donation à la femme mariée (et pourtant cette prohibition était déjà écrite dans l'art. 217, preuve nouvelle que la loi a voulu faire ici une théorie complète, puisqu'elle rappelle, dans ce chapitre, des principes déjà écrits dans d'autres textes). Mais de l'interdit, pas un mot ! Ce silence est significatif, car ces trois incapacités marchent toujours de front dans nos textes ; toujours nous les y voyons réunies. Comment donc se fait-il que la loi parle ici du mineur, qu'elle parle de la femme mariée, et qu'elle ne parle pas de l'interdit ? Pour nous, la réponse est simple : c'est qu'il n'y avait rien à en dire : c'est que l'interdit reste sous l'empire du fait, et que, pour lui, l'art. 901 a posé la seule question à résoudre : Était-il ou n'était-il pas sain d'entendement ?

3° Enfin, les inconvénients et les conséquences rigoureuses et inhumaines de la doctrine contraire se produisent ici dans toute leur gravité. Nous avons vu déjà combien il peut être désirable que l'interdit, pendant un intervalle lucide, puisse faire, par exemple, par donation entre-vifs, le partage de ses biens entre ses enfants. J'ajoute que, pour le testament, il serait parfois très-regrettable qu'il lui fût absolument défendu.

Mais ce n'est pas tout : si l'interdit ne peut jamais faire un testament, il ne pourra pas non plus révoquer un testament antérieur. Or, voici l'hypothèse qui s'est présentée sous nos yeux, il y a quelques années à peine, et qui est, à elle seule, un puissant argument contre la doctrine que je combats : un homme de la conduite la plus désordonnée fait un jour un testament par lequel il dépouille sa famille, honorable s'il en fut, mais qui veut mettre un frein à ses débordements. Quelque temps après, on est obligé de l'interdire. Plus tard, cet homme est frappé d'une maladie mortelle. Aux approches de la mort, comme cela arrive très-fréquemment, son intelligence lui revient tout entière : il comprend tous ses torts ; il veut les réparer en révoquant son injuste testament. Et, de par la loi, cet acte si juste, si désirable, serait impossible !

Ne dites pas cette fois : « Qu'on fasse lever l'interdiction. » — Vous voyez bien que cela ne se peut pas, que cet homme est à son lit de mort. Et vous dites au nom de la loi, que cet homme ne pourra pas briser cet acte odieux par lequel, dans un moment d'égarement et de passion, il a dépouillé sa propre famille au profit de ses compagnons de débauche peut-être ! Je dis, moi, que c'est là la condamnation du système que je combats.

Dans l'hypothèse à laquelle je fais allusion, la difficulté fut éludée par l'application de l'art. 503 ; mais ce remède pourrait être impossible, et l'argument n'en reste pas moins dans toute sa force.

Nous concluons donc, sur cette question encore, que l'interdit peut, pendant un intervalle lucide, faire une donation, faire un testament, et par conséquent, révoquer un testament antérieurement fait (1).

On s'est encore posé la question de savoir si un interdit pouvait être témoin testamentaire dans un intervalle lucide ?

Pour soutenir la négative, on a employé un double argument :

1° L'art. 980 exige que les témoins soient majeurs : or l'interdit est assimilé au mineur (art. 509). — 2° L'art. 980 exige de plus qu'ils jouissent des droits civils : or, les interdits ne jouissent que de ceux qui peuvent s'exercer par autrui et tel n'est pas le droit dont il s'agit.

Qu'il soit prudent en fait de ne pas choisir un pareil témoin, nous l'admettons volontiers et il est peu de notaires qui s'avisent, de propos délibéré, de faire un semblable choix. Mais, ce n'est pas en fait, c'est en droit qu'il faut traiter la question :

Supposons donc qu'un acte a été reçu, dans lequel un interdit a figuré comme témoin pendant un intervalle lucide, et demandons-nous si, à raison de cette circonstance, cet acte sera frappé de nullité.

Nous ne le pensons pas, et il nous semble qu'il est facile de répondre à l'argumentation du système contraire.

1° Les témoins doivent être majeurs. — Mais l'interdit

(1) L'art. 701 du Code civil de Sardaigne contient une disposition formelle en ce sens : *Sont incapables de disposer par testament : 1o Les interdits, sauf ce qui est réglé par l'art. 704, à l'égard des prodigues, et à moins qu'il ne soit prouvé, quant aux autres interdits, qu'ils étaient sains d'esprit à l'époque du testament, et que cette présomption ne soit confirmée par les présomptions tirées de l'acte et de la nature même des dispositions* (Collection des lois civiles et criminelles des états modernes, avec une introduction, par M. le comte Portalis).

est majeur, et s'il est assimilé au mineur par l'art. 509, ce n'est que relativement aux règles de la tutelle.

2° Les témoins doivent jouir de leurs droits civils. — Assurément, mais est-ce que, par hazard, l'interdiction enlève à l'interdit la jouissance de ses droits civils ?

Nous ne pensons donc pas que les arguments de l'opinion contraire soient concluants, et nous ajoutons que le texte de l'article 502, dont on a, selon nous, beaucoup abusé, serait ici manifestement inapplicable.

<h2 style="text-align:center">§ 4.</h2>

Observations finales

Nous avons terminé cette thèse, à la fois si intéressante et si délicate, des actes faits par l'interdit pendant un intervalle lucide.

L'opinion que nous avons essayé de défendre (sinon avec succès, du moins avec une conviction profonde) n'a pas encore triomphé.

Peut-être ne faut-il pas beaucoup s'en étonner : il est difficile de renverser une opinion générale, profondément enracinée dans les esprits, et qui a pour elle, à défaut de titre, une si longue possession d'état. Pourquoi ne dirais-je pas toute ma pensée ? Je suis fermement convaincu que la théorie régnante doit son triomphe à une impression première, dont on reviendra, je l'espère, et à une sorte de surprise : on a été frappé de l'absolutisme du texte, on n'a pas même songé que la résistance fût possible, et on s'est incliné ; et c'est ainsi que cette doctrine s'est paisiblement établie. Une autre cause encore a contribué à l'affermissement de ce système, et doit contribuer aussi à retarder sa chute : jusqu'ici, on est presque toujours resté dans la sphère abstraite de la théorie ; la pratique n'ayant offert que de rares applications du principe, on n'en a pas senti tous les inconvénients et tous les dangers : on peut signaler, en théorie, les vices d'une institution, mais il faut des faits pour les rendre palpables ; et tel esprit, prévenu en faveur d'un principe, qui opposera une résistance invincible à des objections théoriques, serait peut-être tout le premier à reculer devant l'application.

C'est donc surtout, selon nous, parce que l'attention n'a pas été assez souvent appelée en pratique sur les conséquences de ce système, qu'il a régné si longtemps et qu'il règne encore aujourd'hui. Or, pour nous, ces conséquences sont telles qu'elles suffisent à condamner le principe dont elles émanent. Nous l'avons dit souvent déjà, mais qu'il nous soit permis de le dire une fois encore : l'interdiction telle qu'on la comprend généralement, c'est l'atteinte la plus grave portée à la liberté individuelle et à la capacité civile : c'est une véritable mort civile partielle ; comme mesure pénale, je comprendrais cela ; comme mesure protectrice, je ne saurais le comprendre. Je dis que quand un texte paraît conduire à un pareil résultat, on ne doit pas courber la tête aveuglément : on doit le regarder en face, et voir si véritablement il dit tout ce qu'il semble dire.

C'est ce que nous avons essayé de faire, et nous croyons avoir démontré que ce texte peut être vaincu. Aussi est-ce avec bonheur que nous constatons les rapides progrès de la théorie qui a toutes nos préférences. M. de Castelnau, dont nous avons déjà parlé, et dont nous allons avoir à nous occuper plus particulièrement, a repoussé dans son livre la doctrine de M. Demolombe, qui pourtant était la plus conforme à ses vues humanitaires, peut-être même parce qu'elle était la plus conforme à ses vues humanitaires, et qu'en enlevant à l'interdiction ce qu'elle a de véritablement excessif dans le système que nous repoussons, elle laissait peu de prise, il faut en convenir, aux virulentes critiques de l'honorable publiciste. M. de Castelnau a écrit : « Depuis près de 60 ans que la loi du 18 « germinal an XI est promulguée, M. Demolombe pourrait-« il citer dix interdits, pourrait-il même en citer un, qui « aient pu valablement tester, se marier, ou reconnaître « un enfant ? En sera-t-il dans l'avenir autrement que dans « le passé ? Rien ne permet de le croire ; tout doit, au « contraire, nous faire supposer que la théorie de l'ingé-« nieux novateur ne fera pas plus de prosélytes qu'elle « n'en a fait jusqu'à ce jour ; nous regrettons que la vé-« rité nous oblige d'ajouter qu'elle nous semble peu digne « d'en faire. »

L'auteur n'avait pas une connaissance parfaite de l'état de la jurisprudence quand il a écrit ces lignes : un interdit a pu se marier, et, à propos de ce mariage, la Cour de Cassation, dans le célèbre arrêt de 1844 que nous avons cité, a posé en principe la validité du mariage contracté par l'interdit quand il est en fait capable de manifester sa volonté ; cet arrêt nous est un gage assuré que la jurisprudence est entrée dans une voie nouvelle, et, selon nous, beaucoup meilleure, dans laquelle elle persistera, nous en avons la ferme confiance.

M. de Castelnau a de plus été mauvais prophète : la théorie qui lui paraissait si peu digne de faire des prosélytes en a fait cependant, et elle a obtenu dans la doctrine de très-puissantes adhésions.

Peut-être, en présence de cette fortune imprévue, l'honorable critique hésiterait-il à porter ce jugement, très-flatteur, je le veux bien, quant à la forme, mais qui l'est assurément beaucoup moins quant au fond :

« *Il* (M. Demolombe) *se livre à une discussion savante,* « *nerveuse et d'un grand intérêt, mais pleine de subtilités* « *dignes des beaux temps de la scolastique.* »

M. de Castelnau affirme que la loi serait absurde, ou peu s'en faut, si, toutes ses dispositions restant les mêmes, l'art. 502 devait être interprété comme nous l'interprétons, et voici ses motifs :

« Qu'ariverait-il si la famille pouvait craindre un ma- « riage ou un testament de la part de l'interdit ? Ce qui « arriverait n'est pas difficile à prévoir ; elle ferait sé- « questrer l'interdit, le soumettrait à une surveillance ri- « goureuse, l'empêcherait de recevoir aucune visite, « etc . . . . . »

Assurément, il y a du mauvais dans l'homme ; mais j'aime à croire que M. de Castelnau y en a vu plus encore qu'il n'y en a en réalité, et qu'il a attaché à la *dissolvante pression de l'intérêt* une influence véritablement excessive sur les actions des hommes.

Quoi qu'il en soit, et en partant du même point que lui, il me semble que son argument n'est pas bien déduit, et que c'est la conclusion absolument opposée qu'il faut tirer de là. Ce qui arrivera, au contraire, c'est d'abord que la famille sera peut-être moins empressée à faire interdire celui dont nous parlons, et, d'après vous, ce sera là un très-heureux résultat ; ce qui arrivera encore très-certainement, c'est que, l'interdiction prononcée, elle aura tout intérêt à user à son égard de tous les ménagements, et à lui procurer toutes les jouissances, pour qu'il n'ait pas la tentation d'user contre elle du droit que nous lui reconnaissons.

M. de Castelnau dit encore : « Quel est l'homme ou la « femme qui se résignerait à associer sa vie à celle d'un « malheureux interdit, avec la perspective que son union « sera presque sûrement exposée aux hasards d'une en- « quête judiciaire pleine d'écueils, au scandale d'un dé- « bat public ? » — Mais, si l'interdit était dans un intervalle parfaitement lucide et que cela eut été bien constaté, le mariage serait inattaquable, et personne ne songerait à l'attaquer, croyez-le bien. Que s'il n'était pas véritablement dans un intervalle lucide, cette crainte ne pourrait avoir qu'un très-salutaire résultat, celui d'empêcher le mariage d'un insensé.

La loi interprétée comme nous l'interprétons, n'est donc point absurde : elle est, au contraire, très-rationnelle, et elle a, de plus, le mérite d'être humaine.

Au terme de cette grande controverse, qu'il nous soit permis d'émettre un vœu :

L'interprétation que nous croyons la seule conforme à la loi, aux principes et à l'humanité est encore , malgré ses rapides progrès, très-contestée, et nous nous empressons d'ajouter très-contestable.

Est-il bon qu'une question aussi grave que celle-là soit

plus longtemps abandonnée aux incertitudes de la doctrine et de la jurisprudence, et un tel problème ne mérite-
rait-il pas d'appeler l'attention du législateur ?

Nous devons ajouter, pour compléter ce travail, que les
effets de l'interdiction cessent dès que la main-levée en a
été prononcée conformément à l'art. 502 ; et il ne nous
paraît pas douteux, quoique ce point ait encore été contesté, que l'interdit ait le droit de former lui-même cette
demande en main-levée. La raison l'exige ainsi, et l'évidence même de cette proposition en rend, selon nous, la
démonstration difficile. C'est une de ces solutions qui
s'imposent plutôt qu'elle ne se démontrent. Non-seulement
l'interdit est le principal intéressé dans cette question, et,
à moins de dire que l'interdiction est une véritable mort
civile, on ne saurait lui contester le droit de réclamer
sa capacité légale quand il a recouvré sa capacité naturelle ; mais il se peut très-bien que son tuteur (la seule
personne dont l'idée se présente à l'esprit, indépendamment de l'interdit lui-même) ait un intérêt diamétralement contraire au sien, qu'il soit par exemple un
successible intéressé à maintenir le malheureux dans les
liens de l'interdiction, et il est vraiment bien impossible
de mettre l'interdit à la discrétion absolue d'une volonté
étrangère. Nous n'ignorons pas que nul ne se croit plus
sage que le fou ; mais si la demande en main-levée n'est
pas sérieuse, le président auquel la requête est adressée
n'y donnera pas suite : voilà tout.

La main-levée de l'interdiction prononcée, l'interdit
rentre sous l'empire des principes de droit commun.

APPENDICE

RÉFUTATION DE M. DE CASTELNAU.

Si l'interdiction est telle que nous la comprenons, n'a-vons-nous pas bien le droit, je dirais presque le devoir, de prendre sa défense contre les attaques dont elle a été l'objet ?

Nous serons forcé d'élargir un peu le cercle de notre sujet ; car la critique à laquelle nous nous proposons de répondre en quelques mots s'adresse à l'institution même de l'interdiction. Nous espérons qu'on voudra bien nous pardonner cet écart et qu'on ne trouvera pas mauvais qu'après avoir expliqué la loi qui détermine la capacité de l'interdit nous sentions le besoin de la justifier.

Plusieurs fois déjà, nous avons cité des passages écrits par un éminent publiciste, M. de Castelnau.

Ces passages sont extraits d'un *Essai physiologique sur l'interdiction des aliénés*, publié par le savant médecin.

C'est un foudroyant réquisitoire contre l'interdiction, à laquelle l'honorable écrivain a voué, il ne s'en défend pas, une haine implacable.

Nous espérons pouvoir démontrer que cette profonde

antipathie a rendu le critique injuste, et que sa dissertation, dont à coup sûr on pourrait dire aussi qu'elle est *savante, nerveuse et d'un grand intérêt,* n'est au fond qu'un éclatant paradoxe.

Au reste, M. de Castelnau ne s'en prend pas seulement aux législateurs : il est inhumain pour les jurisconsultes, et son ouvrage est parsemé de quelques traits à leur adresse, dont le principal mérite heureusement est d'être forts spirituels, tels que celui-ci, par exemple, dont nous pouvons prendre notre part, sans nous mettre au rang des jurisconsultes : « Si l'on croit pouvoir soutenir en« core que les interdits ont la faculté de tester et de se ma-« rier, il faut renoncer à se faire comprendre des hommes « ou tout au moins des jurisconsultes. » — Et ailleurs : « Les législateurs s'efforcent de rendre leurs textes clairs, « et ils n'y réussissent pas souvent ; les jurisconsultes « semblent s'appliquer à les obscurcir, et il n'y réussis-« sent que trop. » Et si nous voulions multiplier ces citations, nous verrions que le critique n'épargne pas davantage l'ordre judiciaire.

Ces dissentiments, que déplore M. de Castelnau, seraient-ils par hasard l'apanage exclusif de la science du droit ? et ceux qui s'y consacrent seraient-ils des gens nés avec une disposition toute spéciale pour contredire et pour quereller ?

Il est permis d'en douter, quand on lit, dans le livre de l'honorable écrivain, ce fait assez divertissant d'un homme que dix médecins distingués ont déclaré fou, et que quatre médecins non moins distingués ont déclaré sain d'esprit ! Il est vrai que M. de Castelnau s'indigne ; mais

peut-être bien, à la fin, trouvera-t-on qu'il y a chez lui
un grain de misanthropie, et, pour mon compte, je serais
tenté de lui dire, comme Philinte :

> Il faut parmi le monde une raison traitable ;
> A force de sagesse, on peut être blâmable.

Croyez-moi, il ne faut pas dire pour cela de la médecine ce que vos médecins en ont dit : *Médecine, pauvre
science ! Médecins, pauvres savants, ! Malades, pauvres victimes !* Il faut bien se garder surtout d'appliquer
à la jurisprudence cette boutade mélancolique. Il faut
bien plutôt considérer que la nature humaine n'est pas
parfaite, et

> Prendre tout doucement les hommes comme ils sont.

De tout temps on a dit, et probablement de tout
temps on dira : *Quot homines, tot sententiæ.*
Si j'avais à faire la critique de l'ouvrage de M. de
Castelnau, je me permettrais d'y reprendre autre chose
que des solutions de droit et de législation. Et, pour n'en
citer qu'un exemple, je m'étonne qu'un esprit aussi
lucide ait écrit les lignes suivantes :

« *Le libre arbitre, mer d'incertitude ! éternel sujet de*
« *discussions stériles ! problème insoluble où sont venues se*
« *briser les forces des plus vigoureux génies ! Que des*
« *esprits spéculatifs cherchent à pénétrer dans ces profon-*
« *deurs ténébreuses de la métaphysique, on peut le conce-*
« *voir ; on peut même suivre avec intérêt leurs pénégrina-*
« *tions ..... Mais que des hommes positifs par devoir et par*

« profession, que des législateurs, que des médecins s'engagent
« dans les mêmes voies, et, de leurs spéculations aventureu·
« ses, déduisent des conséquences pratiques pour servir
« de règle à nos actions, voilà ce que l'on ne saurait trop
« déplorer, ce dont on ne saurait trop s'effrayer ; voilà
« pourtant ce que l'on a fait, toutes les fois qu'on a basé une
« disposition légale sur la solution prétendue du problème
« du libre arbitre. »

Je ne veux pas me charger de donner à ces paroles
leur exacte signification. Si l'auteur a voulu dire que
la notion du libre arbitre a pu être obscurcie par les
définitions mêmes qu'on a voulu en donner, s'il a voulu
dire que c'est un problème insoluble, parce que ce n'est
pas un problème du tout, mais un axiôme, nous serons
de son avis.

Mais s'il avait entendu mettre en doute le principe
lui-même (et j'aime à croire que telle n'a pas été sa
pensée, quoique ses paroles prêtent singulièrement à
cette interprétation), si même, sans nier positivement
le principe, il avait entendu en contester l'évidence et
en rejeter les conséquences pratiques, quel jugement
assez sévère pourrait-on porter sur une pareille théorie ?
Eh quoi ! ce serait une faute de baser une disposition de
loi sur la solution *prétendue* du *prétendu* problème du
libre arbitre ! Mais alors il faut supprimer toutes les
lois, car toutes les lois ont pour base ce principe du
libre arbitre, que vous appelez un problème insoluble,
que j'appelle, moi, un axiôme indiscutable, et dont
je puis dire, en me servant de vos propres expressions,
qu'il est comme le soleil, et qu'il doit éblouir tous
ceux qui ne sont pas aveugles.

Plus loin encore, M. de Castelnau ne fait-il pas une très-regrettable confusion, quand il dit :

« *Mais suis-je libre de* VOULOIR, *ou, en d'autres termes,*
« *dépend-il de moi que* LA PENSÉE ME VIENNE *d'écrire ou de*
« *mouvoir mon bras ? Pour mon compte, je n'en crois rien,*
« *pas plus que je ne crois que nous soyons libres de ne pas*
« *avoir faim, quand nous n'avons pas mangé depuis long-*
« *temps, et de ne pas éprouver des contractions du dia-*
« *phragme, quand nous avons pris de l'émétique*..... »

Sans vouloir m'expliquer sur l'opportunité de cette comparaison entre les phénomènes organiques et les phénomènes intellectuels, je me permettrai de faire remarquer à l'honorable écrivain que, puisqu'il la faisait, il fallait au moins indiquer les limites au delà desquelles elle cesse d'être vraie. Une pensée peut venir, sans doute, sans avoir été appelée par la volonté, de même que la faim ; mais il serait beaucoup plus difficile d'appeler la faim, comme la volonté peut appeler les pensées , et surtout, l'homme, qui est parfaitement libre de chasser une pensée sans la mettre à exécution, n'a pas jusqu'à ce jour, que je sache, trouvé d'autre moyen de faire taire sa faim que de la rassasier.

Mais l'erreur capitale est dans la confusion entre la *volonté* et la *pensée*. « Suis-je libre de *vouloir*, ou, *en*
« *d'autres termes*, dépend-il de moi que *la pensée me*
« *vienne d'écrire*.....? » M. de Castelnau n'aurait-il pas fait de différence entre *penser* et *vouloir* ? Est-il besoin de démontrer qu'il y a un abîme entre ces deux états intellectuels ?

Suis-je libre de vouloir ? oui, incontestablement.

Suis-je libre que la pensée me vienne ? non, et cette question que vous posez comme étant la même, formulée *en d'autres termes*, est une question essentiellement différente.

N'est-il pas permis de remarquer dans tout cela un esprit de positivisme exagéré, j'allais dire de matérialisme, qui est malheureusement un peu la tendance générale de la science médicale ?

On nous pardonnera cette digression, surtout si l'on observe que les erreurs, ou, si l'on veut, les équivoques philosophiques que nous venons de relever, sont la cause immédiate des erreurs de législation que nous allons avoir à relever maintenant.

M. de Castelnau attaque l'interdiction dans son principe et dans ses conséquences.

En soi, l'interdiction est contraire au grand principe de la liberté individuelle ; dans son application, elle est contraire à tous les intérêts qu'elle a voulu protéger : à l'intérêt de l'individu, à l'intérêt de la famille, à l'intérêt de la société. Tel est, si je l'ai bien comprise, le fond de la théorie de M. de Castelnau.

Or, il me paraît facile de justifier l'interdiction, et dans son principe et dans ses conséquences.

Étudions d'abord la question de principe :

« *Tout citoyen a droit de vivre libre, qui ne porte pas atteinte à la liberté d'autrui.* » — Tel est le principe formulé à plusieurs reprises par M. de Castelnau : et ce principe, dans la pensée de l'honorable auteur, s'applique à la fois à la liberté individuelle et à la capacité civile ; en effet, à cette question qu'il se pose : « *La loi est-elle juste*

« *en enlevant à l'interdit la disposition de ses biens, sous*
« *prétexte qu'il peut les dissiper ?* » il répond : « *Au*
point de vue de l'individu, il ne nous semble pas que
cette question puisse être résolue autrement que la grande
question de la liberté individuelle. » Loin de nous la pensée de contester ou de restreindre le principe de la liberté
individuelle, nous, au contraire, qui voudrions le voir appliqué dans ses conséquences les plus larges. Mais, autant ce principe lui-même est vrai, autant il est bon,
quand on le maintient dans ses limites légitimes, autant il
devient faux et dangereux, quand on veut dépasser ces
limites : et c'est le cas de dire : *corruptio optimi pes-*
sima. M. de Castelnau a dépassé les véritables limites du
principe de la liberté individuelle, quand il a dit que
tout citoyen a droit de vivre libre, qui ne porte pas at-
teinte à la liberté d'autrui.

L'exagération de cette proposition est démontrée par
M. de Castelnau lui-même : car il reconnaît la légitimité
de la tutelle et de l'incapacité des mineurs ; il soutient, à
la vérité, que ces deux situations ne sont pas analogues,
et que la dignité du mineur n'en souffre pas, tandis que
l'interdit voit dans la tutelle une infraction à l'ordre naturel, un attentat à ses droits et à sa dignité. Nous nous
expliquerons plus tard sur le mérite de cette différence,
qui nous paraît être purement imaginaire. Mais qui ne
voit que la question change de face ? Ce n'est plus une
question de principe, c'est une question d'opportunité
d'application. Mais je constate que le principe de M. de
Castelnau est démontré faux par M. de Castelnau lui-
même.

C'est qu'en effet la liberté individuelle a d'autres limites que l'atteinte portée à la liberté d'autrui.

La liberté suppose, chez celui qui en jouit, deux éléments, qui en sont à la fois le principe et la condition indispensable : elle suppose l'*intelligence* et la *volonté libre*, ou, en d'autres termes, le *libre arbitre*. Si l'un de ces deux éléments fait défaut, ou plutôt si le *libre arbitre* fait défaut (car l'absence ou la perte de l'intelligence engendre nécessairement l'absence ou la perte du libre arbitre), la liberté *peut* en principe être enlevée. En effet, si l'homme a le droit d'être libre, c'est parce qu'il est responsable ; sans la responsabilité, qui en est la sanction indispensable, la liberté est un non-sens ; donc, la perte du libre arbitre, entrainant la perte de la responsabilité, entraine par cela même la perte du droit à la liberté. C'est un écart de matérialisme de ne considérer l'homme que dans sa nature physique. *L'homme est une intelligence servie par des organes*, a-t-on dit, et peut-être la définition eût-elle été plus complète et plus exacte si l'on eût dit que l'homme est *une volonté intelligente servie par des organes*. C'est le principe intelligent de l'homme qui est la source de ses droits et de ses devoirs ; c'est lui qui donne le droit à la liberté, et, ce principe cessant, le droit à la liberté cesse.

Le principe une fois établi, il s'agit de savoir quand la société devra en faire l'application, quand elle devra user du droit que nous venons de lui reconnaitre. Elle le *devra*, si l'intérêt de l'individu ou si son propre intérêt l'exige.

Nous disons d'abord que la société doit priver l'insensé de sa liberté, si l'intérêt de l'individu l'exige. Car, si l'individu a des devoirs envers la société, la société a aussi des devoirs envers l'individu : elle doit protection à ceux qui ne peuvent pas se protéger eux-mêmes, à ceux qui n'ont pas encore ou qui ont perdu la *raison*, cette règle de conduite de l'homme. C'est là le principe qui légitime la tutelle et l'incapacité des mineurs ; c'est lui aussi qui légitime la tutelle et l'incapacité des interdits ; et, non-seulement il légitime ces deux institutions, mais il les élève à la hauteur d'un devoir social. Et c'est ici le lieu d'examiner sur quel fondement rationnel repose la différence que M. de Castelnau veut établir entre la tutelle des mineurs et la tutelle des interdits. « *Le mineur, en subissant le joug de la tutelle, dit-il, ne fait qu'obéir aux lois de la nature, toujours plus faciles à supporter que des lois de convention ; — l'interdit voit dans la tutelle une infraction à l'ordre naturel, un attentat à ses droits et à sa dignité.* » C'est là la première et la principale différence signalée par l'honorable critique, et c'est à celle-là seulement que je veux m'arrêter.

Or, je vois bien là des affirmations, mais qui, je dois l'avouer, me paraissent dénuées de tout fondement. Je comprends très-bien que le mineur, en subissant le joug de la tutelle, ne fait qu'obéir aux lois de la nature ; mais il m'est impossible de comprendre en quoi il en serait différemment de l'interdit. Par cette loi de la nature, à laquelle obéit le mineur, M. de Castelnau entend, sans doute, cette infirmité naturelle qui nécessite un protecteur : cette infirmité n'existe-t-elle pas au plus haut degré chez le majeur frappé d'aliénation mentale ? La tutelle des interdits n'est donc pas plus, sous ce rapport, une *loi de con-*

vention que la tutelle des mineurs ; et, si l'on objecte que l'interdit peut avoir des intervalles lucides, pendant lesquels cependant l'incapacité subsiste, je réponds qu'il se peut que tel mineur ait acquis dès quinze ans la pleine et entière maturité de son jugement, et qu'il n'en sera pas moins en tutelle jusqu'à vingt et un ans. Peut-être M. de Castelnau a-t-il voulu dire que l'interdit voit dans la tutelle une infraction à l'ordre *ordinaire* ? Ce point de vue serait exact ; mais hélas ! ce n'est pas à la loi qu'il faut s'en prendre, c'est au mal qui l'a frappé, et qui est, lui aussi, très-heureusement, une infraction à l'ordre ordinaire ; on peut gémir sur sa maladie, mais on n'a jamais eu l'idée d'en rendre son médecin responsable.

Donc, il est inexact de dire que l'interdiction constitue une infraction à l'ordre *naturel*, un attentat aux droits et à la dignité de l'interdit.

La société doit encore enlever la liberté à l'homme qui a perdu la raison, lorsque l'intérêt social l'exige, c'est-à-dire lorsque l'état de l'insensé est un danger pour la sécurité de ses semblables. M. de Castelnau ne peut pas contester ce principe, qui s'impose avec le caractère de l'évidence ; mais il arrive, par un raisonnement dont il nous sera facile de montrer le côté faible, à en nier l'application : Lorsque la sécurité de tous demande le sacrifice de la liberté d'un seul, dit-il, il est une condition indispensable pour justifier ce sacrifice, c'est que le péril à conjurer soit certain ; — or, pour cela, il faudrait que la science ne se trompât jamais, et jusqu'ici elle ne peut pas prétendre à l'infaillibilité : — *conclusion* : on n'a pas le droit de priver un individu de sa liberté pour éviter un péril qui n'est que probable.

On aperçoit le vice de ce raisonnement ; il suppose le droit à la liberté chez l'individu privé de sa raison : or, nous avons prouvé que ce droit n'existe pas, parce qu'en perdant la raison, l'homme perd la responsabilité, et, par conséquent, le droit à la liberté ; donc, il n'est pas besoin que le péril soit *certain*, il suffit qu'il soit *probable*, pour que la société puisse très-légitimement user de son droit, et enlever la liberté à l'individu.

M. de Castelnau ne va-t-il pas jusqu'à dire que, « *mê-* « *me en présence d'un pronostic infaillible, bon nombre* « *d'excellents esprits reculeraient devant l'idée d'infli-* « *ger une peine présente et surtout une peine sévère pour* « *un délit futur ?* »

M. de Castelnau a été un critique sévère, non-seule-ment pour les idées, mais pour les expressions des autres ; toutes les fois qu'il n'a pas rencontré le mot technique, il s'est insurgé. Je ne saurais lui en faire un reproche ; car je crois avec lui que le mieux est d'appeler les choses par leur nom ; mais je crains qu'il n'ait oublié l'adage :

La critique est aisée, et l'art est difficile !

N'avons-nous pas, en effet, le droit de demander ce que signifient ici ces dénominations de *peine* et de *délit* ? N'est-il pas évident que la privation de la liberté, appli-quée à un insensé, n'est pas et ne peut pas être une *peine*, pas plus qu'il ne peut commettre de *délit* ?

Et c'est par suite de cette erreur de terminologie, que l'honorable auteur est conduit à faire la comparai-

son suivante, qui manque totalement d'exactitude :
« *La statistique prouve que les récidivistes renouvelleront*
« *inévitablement leurs criminelles tentatives, et cependant*
« *on respecte leur liberté jusqu'à ce qu'ils aient accom-*
« *pli des actes que l'on pouvait sûrement prévoir.* »

Sans doute ; et pourquoi ? parce qu'on suppose des individus intelligents et libres, par conséquent responsables, et par conséquent encore ayant droit à la liberté ; et si on privait ces individus-là de leur liberté, ce serait bien cette fois *infliger une peine présente pour un délit futur*, ce qui n'est pas possible.

Les principes que nous venons de développer s'appliquent, non-seulement à la liberté individuelle proprement dite, mais encore à la capacité civile, qui n'est, après tout, qu'une des faces de la liberté individuelle et un de ses petits côtés, pour me servir de l'expression même de M. de Castelnau. Il est évident que, de même que la liberté, la capacité suppose l'intelligence et la volonté libre, et que ces deux éléments sont la condition essentielle des droits et des devoirs de l'homme : ce principe n'est pas contesté quant au mineur ; il ne devrait pas l'être quant à l'interdit.

. Je puis maintenant considérer comme démontré le droit de priver de sa liberté et, à *fortiori*, de sa capacité, l'individu qui n'a pas encore ou qui a perdu sa raison : la mesure de l'interdiction se trouve ainsi justifiée dans son principe.

Il nous reste à la justifier dans son application.

Voici en substance le raisonnement de M. de Castelnau :

L'interdiction a pour but de protéger l'aliéné : or, cela ne peut s'entendre que des deux façons suivantes : 1° rétablir sa santé ; 2° conserver ses biens.

1° L'interdiction rétablit-elle la santé de l'interdit ?

Mais d'abord si, pour donner la santé, on est obligé de ravir la liberté, on prend le plus pour rendre le moins. Ensuite, la statistique prouve que l'interdiction réduit *de sept à huit fois* les chances de guérison de l'aliéné. Voici, en effet, les résultats obtenus : la thérapeutique mentale guérit à peu près un aliéné non interdit sur trois, tandis que, d'après la comparaison des jugements d'interdiction avec les jugements de main-levée, on guérit un aliéné interdit sur vingt-trois !

2° L'interdiction conserve-t-elle les biens de l'interdit ?

Non : car les faits prouvent qu'elle n'est qu'un moyen de spoliation, et, en tous cas, quel avantage en résulterait-il pour ces malheureux, puisque, par le fait même de l'interdiction, quatre-vingt-quinze au moins sur cent sont voués à l'incurabilité ?

Reprenons ce raisonnement :

L'auteur se demande d'abord si l'interdiction a pour but de rétablir la santé de l'aliéné. — A cela je réponds : Évidemment non, et ceci ne regarde pas la loi, qui n'y peut absolument rien, mais bien la médecine, et M. de Castelnau lui-même. Je n'aurais donc rien à dire sur ce premier chef, si l'auteur n'avait voulu, par des chiffres, faire de l'interdiction un véritable assassinat juridique de la raison humaine. Je ne puis pas contrôler ces chiffres ; je les admets. Mais vraiment la raison dit assez qu'il est bien impossible de trouver dans l'interdiction elle-même la cause d'une aussi énorme différence, et je m'étonne qu'un esprit aussi positif que M. de Castelnau n'ait pas été frappé de cela ; qu'il n'ait pas vu, ou plutôt qu'il n'ait par voulu reconnaître (car il l'a vu) que la cause en est ailleurs. Elle est pourtant bien simple : c'est que, tandis que les aliénés non interdits sont le plus souvent des sujets frappés d'une aliénation mentale passagère, qui constitue plutôt une *maladie* qu'un *état* (et c'est précisément pour cela qu'ils ne peuvent pas être interdits), les aliénés interdits, au contraire, ne peuvent être que ceux dont la maladie est devenue chronique, qui sont *dans un état habituel d'imbécillité, de démence ou de fureur* ; et, dès lors, on comprend que la science ait beaucoup moins de pouvoir sur un semblable état ; le plus souvent même, on ne s'adresse pas à la médecine dans de pareils cas, par la raison fort simple que la médecine est totalement impuissante, par exemple, dans le cas de l'imbécillité congénitale.

Je passe donc au second point :

L'interdiction a pour but de conserver les biens ; mais le plus souvent elle est un moyen de spoliation.

Que l'on ait quelquefois abusé de l'interdiction, et que la déloyauté ait fait, dans certains cas, d'une institution essentiellement protectrice un odieux moyen de spoliation, je veux bien l'admettre. Mais de quoi donc l'homme n'a-t-il pas abusé ? M. de Castelnau est médecin : il sait, par conséquent, que tel remède, qui, bien appliqué, pourra calmer telle maladie, deviendra, si on l'applique à tort ou si on l'applique mal, un danger est un véritable poison, et même plus le remède est efficace, et plus il deviendra dangereux : est-il jamais venu à l'esprit de M. de Castelnau de supprimer les remèdes et d'abolir la médecine ?

« *Les abus que l'on a pu citer dans l'administration* « *des biens des interdits*, dit M. le docteur Tardieu, que « nous sommes heureux de rencontrer parmi les défen- « seurs de l'interdiction, *constituent des crimes parti-* « *culiers que la loi elle-même fournit les moyens de* « *réprimer, mais n'atteignent en rien le principe et ne* « *doivent pas nous arrêter*.

Mais 95 sur 100 ne pourront pas en profiter ! Même en me plaçant au même point de vue que l'auteur, je répondrais avec avantage que 5 sur 100 en profiteront, et cela suffirait certainement à justifier la loi. Mais l'auteur ne s'est-il pas placé à un point de vue beaucoup trop exclusif ? L'interdit n'en profitera pas personnellement, soit ; mais n'a-t-il pas des enfants qu'il aimait et qu'il aimerait encore plus que lui-même s'il était en possession de sa raison ? N'a-t-il pas au moins une famille qui devait lui être chère ? et, s'il revenait un moment à la raison, n'aurait-il pas le droit, au nom de ses enfants et de sa famille, de demander compte à une loi impuissante de cette liberté funeste qu'elle lui aurait laissée ?

Donc la loi protége l'interdit en protégeant sa famille, et, s'il n'en est pas toujours ainsi, il en doit toujours être ainsi.

Après l'individu vient la famille.

« L'interdiction, dit l'auteur, veut protéger la famille : « elle protége bien ses intérêts matériels, mais c'est aux « dépens de la liberté individuelle et du droit de propriété ; « d'autre part, elle sacrifie ses intérêts moraux ; car, loin

« de cimenter les liens affectifs qui doivent unir ses
« membres, elle en est un dissolvant puissant ; elle pose
« la famille en adversaire, si ce n'est en ennemie..... »

Je réponds que l'interdiction, en protégeant les intérêts
matériels de la famille, ne porte aucune atteinte à la liberté individuelle et au droit de propriété, et je crois
l'avoir prouvé.

Quant à la seconde considération, elle part de ce principe inexact que l'interdiction est une véritable mesure
pénale dirigée contre l'interdit ; elle est sans valeur pour
ceux qui la considèrent, au contraire, comme une mesure
de protection, prise dans l'intérêt de l'interdit lui-même.

« Enfin, quant à la société, dit le savant publiciste,
« l'interdiction peut être une institution conforme à ses
« intérêts, si l'on considère comme absolument distincts
« et indépendants, ou plutôt comme entièrement opposés
« l'intérêt de l'individu et celui de la société ; mais quand
« on se place, comme il nous paraît rationnel de le faire,
« au point de vue de la solidarité de ces intérêts, il nous
« semble impossible de ne pas reconnaître que notre in-
« terdiction leur est contraire à tous. »

Il est parfaitement exact de regarder comme solidaire
l'intérêt de la société et l'intérêt de l'individu : l'intérêt
public n'est que la somme des intérêts privés, et M. de
Castelnau, qui considère l'interdiction comme contraire au
droit et à l'intérêt de l'individu, est parfaitement logique
en la considérant comme contraire à l'intérêt de la société.
Mais nous, qui croyons que l'interdiction ne viole pas
la droit de l'interdit, que, de plus, elle est conforme à
ses intérêts, qu'elle a surtout en vue de protéger, on

conçoit facilement que, suivant le même principe que M. de Castelnau, nous arrivions à la conclusion diamétralement opposée.

Je crois avoir ainsi justifié l'institution de l'interdiction, et dans son principe et dans son application. De la dissertation de l'honorable M. de Castelnau, il résulte une seule chose : c'est que l'on a pu quelquefois appliquer à tort l'interdiction ; c'est que l'on a pu abuser de l'interdiction appliquée : je n'entends contester ni l'un ni l'autre point ; mais alors il fallait s'en prendre à l'humanité, et non pas à la loi. Je le répète, l'homme peut user à tort ou abuser de tout ; il use à tort de la nourriture, en mangeant sans faim ; il en abuse, en mangeant trop ; ce qui n'empêche pas, apparemment, que la nourriture ne soit indispensable à son existence.

L'interdiction n'est donc pas une mesure inhumaine, anti-scientifique et anti-sociale ; elle le serait peut-être, si on voulait lui donner une étendue et un caractère qu'elle ne comporte pas, selon nous ; mais, si elle est telle que nous la comprenons, nous maintenons qu'elle est une mesure protectrice, humaine, sociale, au premier chef, qu'il ne faut pas bannir du *code de la civilisation* (quand on le promulguera !) mais qu'il faudrait y écrire, si elle n'y était pas, et que M. de Castelnau devra se résigner (qu'il nous pardonne d'émettre ce vœu en terminant) à trouver longtemps encore inscrite dans les législations modernes.

TABLE DES MATIÈRES.

1re PARTIE.

ÉTUDE DU SUJET SOUS LES LÉGISLATIONS QUI ONT PRÉCÉDÉ LA NÔTRE.

CHAPITRE I.

DROIT ROMAIN.

CHAPITRE II.

ANCIEN DROIT FRANÇAIS.

2ᵉ PARTIE.

ÉTUDE DU SUJET SOUS NOTRE LÉGISLATION ACTUELLE.

CHAPITRE I.

ACTES AUXQUELS S'APPLIQUE LA PRÉSOMPTION LÉGALE DE L'ART. 502.

CHAPITRE II.

ÉPOQUE A PARTIR DE LAQUELLE ET CONDITIONS SOUS LESQUELLES LES ACTES DE L'INTERDIT SONT FRAPPÉS DE NULLITÉ.

CHAPITRE III.

CARACTÈRE DE LA NULLITÉ PRONONCÉE PAR L'ART. 502.

CHAPITRE IV.

ACTES FAITS PAR L'INTERDIT PENDANT UN INTERVALLE LUCIDE.